내가 원하는 것을
나도 모를 때

내가 원하는 것을
나도 모를 때

전승환 지음

잃어버린 나를 찾는 인생의 문장들

북로망스

각자의 속도로
각자의 빛을 향하여

늘 감사하고 애정하는 독자 여러분, 그간 안녕하셨는지요.

때때로 어지럽고 각박한 세상에서 이렇게 안부를 물을 수 있다는 것은, 누군가를 생각하는 다정한 마음이 여전히 우리를 지탱하고 있다는 뜻이겠지요. 다시 설레는 마음으로 인사를 나눌 수 있음에 마음 깊이 감사를 느낍니다.

5년 전 『내가 원하는 것을 나도 모를 때』가 세상에 나왔을 때, 소란스럽지 않은 진심의 글들이 그저 소박한 위안이 되고 자그마한 울림이 되길 바랐습니다. 그런데 이 책이 어느새 30만 독자에게 닿아 위로와 쉼을 전할 수 있었다는 사실은 지금도 너무나 놀랍습니다.

그동안 저에게 전해진 독자분들의 이야기는 하나같이 따뜻하고 소중했습니다. "편안한 벗 같은 책이다." "오직 나만 생각할 수 있는 시간을 주었다." "진정 나 자신이 무엇을 원하는지 알게 되었다." 이런 메시지들이 저를 다시 글로 이끄는 원동력이 되었지요. 제 이야기가 여러분의 삶 속에서 또 다른 이야기가 되어 살아갈 힘을 전할 수 있었다는 사실만으로도 큰 힘이자 기쁨이었습니다.

이 책은 사실 저의 개인적인 방황과 깨달음에서 시작되었습니다. 삶의 방향을 잃고 헤매던 시절, 제 마음을 정확히 아는 듯한 책 속의 문장들이 저를 붙잡아주고 다시 삶을 일으킬 용기와 앞으로 나아갈 힘을 주었지요. 그때 얻었던 위로와 배움을 글로 담아, 제 이야기가 누군가에게도 가닿기를 바랐습니다.

그래서 제 삶을 지탱해준 인생의 문장들과 저의 깨달음의 이야기를 담은 초판은, 스스로를 알아가는 시간을 기록한 책이자 '내가 진정 원하는 것은 무엇인지'를 천천히 탐구하는 여정이기도 했습니다.

물론 인생은 늘 굽이치고 원하는 길을 잘 제시해주지 않는 터라, 나를 알아가는 과정이 쉽지 않다는 것을 지금도 느끼고 있습니다. 여전히 인생의 문장들을 곱씹으며 마음을 다잡고 삶을 단단하게 만들기 위해 애쓰고 있지요.

이번 개정증보판에서는 한 걸음 더 나아가, 내가 바라는 나가 되기 위한 노력의 과정들을 담아보기로 했습니다. 타인의 기준이 아닌 내 마음의 진짜 목소리로 삶을 채우려는 시도가 우리에게 좀 더 필요하지 않을까 생각했지요. 그 과정은 역시 쉽지 않았지만, 작은 변화들이 쌓이며 삶의 색이 점점 더 밝아지는 것을 느꼈습니다. 그래서 개정증보판에서는 삶을 긍정으로 바꾸는 저의 이야기들과 그 과정에서 저를 북돋고 독려했던 여러 문장들을 소개해보려 합니다.

지금의 시대는 너무 빠르고 불안합니다. 사람들은 앞만 보고 달리느라 잠시 멈춰 설 여유조차 가지지 못하고 있죠. 서로의 눈을 바라봐주는 다정함, 자신의 어깨를 내어주는 너그러움, 누군가를 기다리며 느끼는 설렘이 서서히 퇴색되어가는 시간을 살다 보면, 세상이 슬프게만 보이기도 합니다. 타인과의 관계뿐만 아니라, 심지어 스스로를 돌아보는 기회와 지금의 나를 살피는 여유조차 없는 막막한 상황도 마주하게 되겠지요. 저는 이 책이 그런 분들에게 잠시 쉼표가 되어주기를 바랍니다. 책 속에서 소개하는 진실되고 아름다운 문장들이 여러분의 마음에 조용히 가닿아, 자신이 바라는 방향대로 나아갈 수 있도록 용기와 희망을 전해주기를 소망합니다.

저는 여전히 걸어가고 있는 중입니다. 나를 알아가는 것에서 시작해, 점차 내가 바라는 나를 향해 한 걸음씩 나아가고 있습니다. 이번 책은 그런 여정의 기록이자, 독자 여러분과 함께 새로 나누고 싶은 이야기들을 담았습니다. 책이 다시금 여러분 곁에 묵묵히 머물며 지친 마음을 위로하고 더 밝은 내일로 이끄는 작은 불빛이 되기를 바랍니다.

부디, 우리가 각자의 속도로 각자의 빛을 찾아 나아가는 그 길 위에서 함께하기를 희망합니다.

늘 안녕하시길.
늘 평화로우시길.
늘 행복하시길.

2025년 1월
전승환

묵묵히 내 곁에
있어주는 것

내가 정말 원하는 게 뭔지, 제대로 잘 살고 있는 건지, 또 앞으로는 어떻게 살아야 할지, 인생은 끊임없는 질문의 연속이지만 그 해답을 혼자 힘으로 찾기란 쉽지 않습니다.

왜 자꾸 마음이 쓸쓸하고 허무할까?
왜 사람 만나는 일이 이리도 피곤할까?
왜 하루하루 열심히 살아도 행복하지 않을까?
이렇게 영혼을 잃어버린 것처럼 사는 게 인생일까?

이런 질문이 머릿속을 계속 맴돌 때면, 지쳐서 아무것도 하고 싶지 않다가도 불쑥 눈물이 북받치곤 합니다. 해답을 찾기 위해 고민할 시간도 없이, 지친 몸과 마음을 달랠 여유도 없이, 그저 하루하루 정신없이 살아내느라 억눌렀던 감정이 터져 나온 거지요.

바쁘게 흘러가는 세상의 속도에 걸음을 맞추다 보면, 자신도 모르는 사이에 내면이 소진되고 마음 한구석엔 구멍이 뻥 뚫려버립니다. 온전한 모습을 잃어버린 채 살게 되는 거죠. 그렇게 하루하루 떠밀리듯 살다 보면, 내가 진짜 원하는 게 뭔지 스스로도 알 수 없게 됩니다. 무슨 일을 해도 즐겁지 않고 누구의 위로를 받아도 위로가 되지 않죠. 혼자 있고 싶으면서도 다른 한편으로 외로움이 덮쳐옵니다.

저 역시 그랬습니다. 그럴 때마다 누군가는 이렇게 조언해주었죠. "괜찮아. 다 잘될 거야." "좀 더 힘내. 너는 충분히 강하니까 해낼 수 있어."

분명히 위로를 건네는 말이지만, 그럼에도 삶은 여전히 버겁기만 했습니다. 특별히 강해지고 싶다거나 어려움을 헤쳐나갈 힘이 더 필요했던 건 아닙니다. 더 많이 노력하고 싶지도 않았고요. 생각해보면 삶의 방향과 모양은 사람마다 다른데, 제가 나아갈 방향을 다른 사람에게 묻고, 비어 있는 부분을 내 것이 아닌 다른 누군가의 것으로 채우려 했던 것이 잘못이었습니다.

이제서야 조금은 알 것 같습니다. 때로는 직접적인 조언보다 묵묵히 곁에 있어주는 위로가 더 크게 와닿는다는 것, 그저 내 마음을 스스로 돌아볼 수 있도록 도와주는 게 그 무엇보다 중요하다는 것을 말이지요.

만약 저와 생각이 같다면, 당신에게 한 권의 책, 한 줄의 문장을 만나는 시간을 선물하고 싶습니다. 저는 지난 12년간 '책 읽어주는 남자'로 활동하면서 사람들과 좋은 문장을 매일 나누었습니다. 페이스북과 카카오스토리 등을 통해 다양한 연령대와 직업, 성별을 가진 분들이 '내 마음을 알아주는 문장'이라고 공감해주셨지요.

처음에는 그저 제가 좋아서 올린 문장을 많은 분이 공감해주셔서 놀라기도 하고 그 이유가 궁금하기도 했습니다. 그런데 가만히 생각해보니, 책과 문장이야말로 우리가 힘들 때 꼭 필요한 위로를 건넨다는 사실을 알게 됐습니다. 왜냐하면 책은 우리에게 어떤 요구도 하지 않고 대가도 바라지 않으니까요. 그저 묵묵히 곁에 서서 우리 스스로 마음속 깊은 곳을 살펴볼 수 있도록 도와주죠. 게다가 책은 시공간을 뛰어넘는 교감의 매개 역할도 합니다. 우리 눈앞에 닥친 힘겨운 일들을 나 혼자서만 겪는 게 아니라는 사실을 알게 됐을 때, 이 세상 어딘가에는 분명히 그 어려움을 함께 헤쳐나갈 사람이 있다는 걸 알게 됐을 때, 우리는 더할 나위 없이 큰 위로를 받는 거지요.

　제가 공감하고 큰 위로를 받았던 인생의 문장들을 이 책에 담았습니다. '책 읽어주는 남자'로 활동하면서 많은 분이 공감해주신 문장들이기도 하죠. 부디 이 책이 당신의 지치고 외로운 마음을 조금이라도 알아주고, 언제든지 편하게 기대 쉴 수 있는 쉼터가 되면 좋겠습니다. 누구나 처음 걸어가기에 헤맬 수밖에 없는 인생에서, 당신이 나아갈 길을 밝혀줄 작은 반딧불이 되기를 소망합니다.

　그래서 그 한 문장의 힘으로 당신의 영혼이 따스한 온기를 되찾기를, 상처를 위로받고 다시 미소 짓기를, 누구보다 씩씩하게 당신만의 인생을 살아가기를.

차례

1부 마음의 목소리에 귀 귀울이면
_ 나의 마음을 살피다

2부 한 걸음 한 걸음 씩씩하게 걸어나가길
_ 나의 시간을 살피다

손을 건네고, 건네진 손을 붙잡고
_ 나의 관계를 살피다

 흔들리지 않는 당당한 나로
_ 나의 세계를 살피다

5부 내가 바라는 나로 살아가기 위해
_ 나의 바람을 살피다

마음의 목소리에
귀 기울이면

_ 나의 마음을 살피다

마음의 밑바닥에서
슬픈 소리가 들리면

무사태평하게 보이는 사람들도 마음속 깊은 곳을
두드려보면 어딘가 슬픈 소리가 난다.

나쓰메 소세키의 『나는 고양이로소이다』는 고양이를 주인
공으로 한 풍자 소설입니다. 이름 없는 고양이의 시점으로 바
라본 인간 사회를 날카로우면서도 유쾌하게 묘사하고 있지
요. 저는 특히 이 문장을 좋아하는데, 사실 우리도 겉으로는
아무 일 없다는 듯 밝게 행동하면서 속으로는 깊은 슬픔을 감
추고 살아갈 때가 많기 때문입니다.

그렇게 꾹꾹 눌러둔 슬픔은 특별한 계기가 없어도 불쑥 찾

아옵니다. 출퇴근길에, 밥을 먹다가, 잠들기 전에 문득 그런 기분이 드는 거죠. 우리의 일상은 원래 희로애락이 수없이 교차하지만, 즐겁고 기쁜 날보다 슬프고 위로가 필요한 날이 더 많다면 누구든 지칠 수밖에 없습니다. 오늘날 평범한 행복 대신 평범한 불행으로 채워진 일상을 살아간다고 느끼는 사람이 점점 더 늘어난다는 건 정말 슬픈 일이지요.

길을 걷다가 무심코 바라본 앙상한 나뭇가지가 내 모습 같고, 늦은 밤 아무도 없는 텅 빈 골목길을 걷다가 공허감을 느꼈다면, 지금 당신에게는 위로가 필요합니다.

그렇게 불쑥 슬픔이 찾아올 때, 제겐 마음을 달래는 방법이 하나 있습니다. 바로 더 외로워지는 겁니다. 의자에 앉아 책을 펼치고 오롯이 혼자가 되어, 마음에 울림을 주는 이야기나 문장을 찾는 거죠. 그러다 뭔가 쿵 마음에 와닿을 때면, 나도 모르게 펑펑 눈물이 납니다. 그럴 땐 마음이 풀릴 때까지 맘껏 울면 됩니다. 다른 사람을 의식하지 않아도 되고요. 홀로 감정의 밑바닥까지 내려가 그 안에 있는 것과 솔직하게 마주하는 거지요.

물론 그런다고 모든 문제가 해결되지는 않습니다. 다만 마음이 한결 홀가분해지고 기운이 납니다. 정호승 시인은 그 기분을 「바닥에 대하여」라는 시에서 이렇게 표현했습니다.

바닥까지 가본 사람들은 말한다

결국 바닥은 보이지 않는다고

바닥은 보이지 않지만

그냥 바닥까지 걸어가는 것이라고

바닥까지 걸어가야만 다시 돌아올 수 있다고

바닥을 딛고

굳세게 일어선 사람들은 말한다

더 이상 바닥에 발이 닿지 않는다고

발이 닿지 않아도

그냥 바닥을 딛고 일어서는 것이라고

바닥의 바닥까지 갔다가

돌아온 사람들도 말한다

더 이상 바닥은 없다고

바닥은 없기 때문에 있는 것이라고

보이지 않기 때문에 보이는 것이라고

그냥 딛고 일어서는 것이라고

우리 마음의 바닥, 그 깊숙한 곳에 있는 슬픔까지 찾아와
위로를 건넬 수 있는 사람은 많지 않습니다. 그럴 수 있는 단

한 사람이 있다면, 바로 나 자신이죠. 물론 우리에겐 다른 사람의 위로가 간절한 순간도 있습니다. 누군가에게 기대 슬픔을 덜어낼 시간이 필요한 거죠. 하지만 때로는 그 슬픔을 직면할 필요도 있습니다. 그때 책 속 문장이 다가와 손을 건네며 말을 거는 겁니다. 자기 감정과 마음에 온전히 집중해보라고, 내가 곁에 있어주겠다고 말이지요.

사실 이런 생각은 책을 좋아하는 제 개인적인 취향이라고만 여기고 있었는데, 신형철 평론가의 『슬픔을 공부하는 슬픔』을 읽고 그 이유를 보다 명확히 알게 됐습니다.

문학이 위로가 아니라 고문이라는 말도 옳은 말이지만, 그럼에도 가끔은 문학이 위로가 될 수 있는 이유는 그것이 고통이 무엇인지를 아는 사람의 말이기 때문이고, 고통받는 사람에게는 그런 사람의 말만이 진실하게 들리기 때문이다.

슬픔과 고통의 형태가 다양하기에, 우리에게는 다양한 형태의 위로가 필요합니다. 스스로 위로하는 것도 필요하고, 다른 누군가에게 위로를 받아야 할 때도 있습니다. 힘들 때 속마음을 털어놓을 친구가 있다면 정말 좋겠죠. 설령 그가 내마음을 완벽하게 알아줄 수는 없다고 해도 그렇게 털어놓는일 자체가 위로가 될 테니까요. 반대로 우리 역시 누군가의 마음을 위로해줌으로써 스스로 위로를 받기도 합니다. 위로란 결국 사랑하는 사람들이 서로의 마음을 나누는 행위니까요. 진심이 담겨 있다면, 위로는 모두의 마음을 토닥이며 달래줄 수 있습니다.

가끔은 이 세상에 수많은 슬픔이 있고 모두에게 위로가 필요하다는 점이 어쩌면 삶의 가장 멋진 부분일지도 모르겠다는 엉뚱한 생각을 합니다. 우리에게 슬픔이 없어서 위로도 필요 없다면, 자신의 깊은 내면을 마주하려거나 타인의 슬픔을 이해하려는 노력 또한 없었을 테니까요.

공대생의 가슴을 울린 시 강의로 유명한 정재찬 교수는『시를 잊은 그대에게』에서 이렇게 말하고 있습니다.

아무리 애를 써도 희망이 보이지 않는 때가 있고, 절망도 없을 만큼 절망적인 세상이 있는 법이다. 절망도 없는 것이야말로 절망이다. 슬픔도 없는 것은 정말 큰 슬픔이다. 이렇게 희망이 보이지 않을 때, 그렇다면 자신이 희망을 만드는 사람이 되라고 시인은 말한다. 없으면, 만들면 된다는 것이 이 시인의 낙관이요, 희망이다. 이런 세상에서 그래도 우리가 택해야 할 길은 사랑뿐이다. 사람을 사랑하는 것만이 희망이다. 희망을 만드는 사람을 서로 사랑하는 것만이 희망이다.

괜찮아. 좋아질 거야. 너무 걱정하지 마.

조금 뻔해 보이는 말들이지만 진심이 담겨 있다면 커다란 위로를 줄 수 있습니다. 이 세상에 완벽한 위로는 없습니다. 하지만 바로 그 점 때문에 우리는 자기 마음과 다른 사람의 마음을 헤아리기 위해 노력합니다. '나만 그런 게 아니구나' '세상 모두에겐 위로가 필요하구나'라는 사실을 깨달으면서 말이죠.

위로가 필요한 날.
무엇으로 이 슬프고 쓸쓸한 마음을 달랠 수 있을지
곰곰이 생각해보게 되는 그런 날입니다.
하지만 언젠가 반드시 찾을 수 있겠죠.
정말 위로가 필요한 날,
자신에게 꼭 와닿는 따스한 온기를 말입니다.

잠들지
못하는 밤

이상하게 쉽게 잠들지 못하는 밤이 있습니다. 충분히 지치고 노곤한데, 열두 시, 한 시, 두 시…… 시간만 계속 확인하면서 뒤척이는 거죠. 날이 밝으면 해야 할 일이 산더미인데도 잠은 오지 않으니 마음에선 불안만 점점 자라납니다.

그런 불면의 밤은 간절히 바라는 일이 이루어질 것 같지 않거나, 미래가 잘 그려지지 않아 막막하거나, 관계에 자신이 없거나, 또는 자존감이 너무 떨어져서 다른 사람에게 못난 모습으로 보이는 게 두려울 때 찾아옵니다. 아침에 다시 눈을 뜨는 것이 걱정돼서 편히 잠들지 못하고 조마조마 마음만 졸이며 온갖 걱정을 꺼내놓게 되는 거지요.

이렇게 불안을 느끼는 이유는 다양합니다. 심지어 모든 일이 굉장히 잘 풀릴 때에도 불안이 온몸을 휘감을 때가 있지요. 지금의 행복이 깨져버리면 어쩌지 하는 마음의 빈틈을, 불안은 절묘하게 파고듭니다. 구체적인 이유가 있는 게 아니라 그저 보이지 않는 벽 앞에 서 있는 듯한 막연한 기분, 그것이 바로 불안의 정체입니다. 세상에 불안을 전혀 느끼지 않는 사람은 단 한 명도 없을 겁니다. 그럼 우리는 이를 어떻게 받아들여야 할까요? 불안을 아예 없애버릴 방법은 없을까요? 알랭 드 보통의 『불안』은 오늘날 많은 사람이 겪는 불안을 이렇게 설명합니다.

우리가 현재의 모습이 아닌 다른 모습일 수도 있다는 느낌, 우리가 동등하다고 여기는 사람들이 우리보다 나은 모습을 보일 때 받는 그 느낌, 이것이야말로 불안의 원천이다.

과거에 비해 상당히 풍족한 삶을 살고 있는데도 불안이 점점 커지는 이유가 여기 있습니다. 지금 가진 것과 현재의 나에 만족하지 말라고, 미래를 생각하고 더 나은 사람이 되라고, 사회 곳곳에서 끊임없이 채찍질하고 있기 때문입니다. 풍요 속의 빈곤이라는 말이 딱 맞아떨어지는 상황이지요. 풍족해질수록 더 풍족한 다른 사람과 비교하게 되고 스스로 모자란 점을 찾게 되는 것이 오늘날 우리의 서글픈 모습입니다.

사실 저도 이런 불안에서 자유롭지 못합니다. 책과 강연을 통해 독자들의 큰 사랑을 받을 때마다 오히려 '내가 정말 다른 사람에게 위로와 영감을 줄 수 있을까?' '내가 그럴 자격이 있는 사람일까?' 또는 '지금보다 더 열심히 해야 하는 것 아닐까?' 하는 생각에 한없이 불안해지거든요. 아마 여러분도 다른 사람의 SNS를 보며 부러움을 느끼거나 홀로 뒤처진 것 같은 우울한 기분을 느껴보셨을 거예요. 굳이 비교할 필요가 없고 걱정할 이유가 없는데도 계속 타인을 의식하고 비교하면서 끊임없이 불안을 키우는 거지요.

사실 불안은 그 자체로는 굉장히 자연스러운 감정입니다. 누구도 미래에 일어날 일을 알 수 없으니, 지금 이대로도 괜찮을까, 내가 걸어가고 있는 이 길이 맞을까, 불안을 느끼는 게 당연하죠. 살면서 아무런 불안도 느끼지 않는 순간은 없습니다. 예를 들면 10대 때는 친구 관계나 학업 성적으로, 20대 때는 연애 문제나 취업 문제로, 30대 때는 건강과 결혼 그리고 육아 문제로 걱정하는 것처럼, 불안거리는 인생의 어느 지점에나 존재합니다. 하나가 사라지면 또 다른 게 나타나지요. 분명한 특정 대상이 존재하는 공포와 달리, 명확한 대상이 없거나 매번 그 대상이 달라지는 것이 불안의 정체입니다.

하지만 문제는 불안한 일을 적당히 불안해하는 데 그치지 않고, 끊임없이 불안해하거나 새로운 불안거리를 찾아 키워 나가면서 자기 삶을 스스로 괴롭게 만들 때입니다. 이렇게 불안거리가 계속 머릿속에서 떠나지 않는다면, 우리는 어떻게 대처해야 할까요?

　　자신이 하찮은 존재라는 생각 때문에 느끼는 불안의 좋은 치유책은 세계라는 거대한 공간을 여행하는 것, 그것이 불가능하다면 예술 작품을 통하여 세상을 여행하는 것이다.

　　첫 번째 방법은 보통이『불안』에서 제안한 것처럼 여행이나 예술에 몰두하는 겁니다. 새로운 세계를 경험하며 흥분과 설렘을 느끼면 불안에서 잠시 벗어날 수 있죠. 취미 생활을 하는 것도 좋은 방법입니다. 뭔가 몰입하고 집중할 게 있으면 불안이 사라지니까요. 물론 이런 방법은 효과가 일시적이라는 단점이 있습니다.
　　추천하는 두 번째 방법은 불안을 삶의 일부로 받아들이는 겁니다. 애써 거기에 집중하거나 섣불리 제거하려 들지 말고 마음 한편에 그대로 두는 거죠. 그런데 여기서 질문 하나를 드리고 싶습니다. 불안은 정말 우리에게 나쁘기만 한 걸까요?

　　이 문제를 깊이 고민한 철학자가 있습니다. 바로『죽음에 이르는 병』『이것이냐 저것이냐』『불안의 개념』 같은 책을 쓴 19세기 덴마크 철학자 쇠렌 키르케고르입니다. 키르케고르는 "마음속 깊은 곳에 동요가 없거나, 압박이나 부조화, 불안을 품지 않은 사람은 없다"라고 말하면서, 불안을 제거하는 대신 오히려 불안을 토대로 자신만의 실존주의 철학을 세웠습니다. 그는 이렇게 선언합니다. "불안은 자유의 가능성이다."

고통을 느낄 수 있어야 상처를 적절히 치료할 수 있습니다. 마찬가지로 불안 역시 지금 내 삶이 어느 위치에 있는지 마음은 어떤 상태인지 깨닫게 해주고, 보다 나은 방향으로 나아갈 수 있게끔 도와줍니다. 개인적인 차원이 아니라 사회적인 차원에서도 마찬가지입니다. 모든 사람의 삶이 지나치게 불안하다면 사회에 문제가 있는 것이기에 정책과 제도를 바로잡아야겠죠. 불안에 대한 키르케고르의 전복적이면서도 날카로운 통찰은 오늘날 우리가 잘 알고 있는 헤세, 카프카, 카뮈 등 여러 작가에게도 큰 영향을 주었습니다.

거짓말이라도 좋으니, 잘하고 있다는 말 한마디를 듣고 싶을 때가 있습니다. 내 곁을 지켜주는 이로부터 너무 불안해하지 말라는 응원을 듣고 싶은 순간이 있죠. 내 입장에서 이야기해주고, 어떤 일이 있어도 내 편이 되어주는 그런 사람이 우리에겐 필요한 겁니다. 성수선 작가의 에세이『혼자인 내가 혼자인 너에게』에는 이런 공감의 메시지가 잘 담겨 있습니다.

지금 그 정도면 괜찮아, 잘하고 있어, 불안해하지 마. 가끔 내가 물어보기 전에 누가 먼저 말해주면 좋겠다. 거짓말이라도 좋으니까. 넌 참 잘하고 있다고, 지금처럼만 계속하라고.

불안할 때에는 먼저 내 마음을 돌아보고, 그다음으로 관계를 돌아봐야 합니다. 내가 가진 여러 모습, 설령 조금 못나 보이는 모습도 인정하고 받아들일 때, 즉 나라는 기준점을 단단히 다지면 우리는 어떤 불안 속에서도 지나치게 흔들리지 않고 행복을 지킬 수 있습니다. 그리고 언제나 내 편이 되어줄 좋은 사람을 곁에 둔다면, 불시에 들이닥치는 불안에도 잘 대처할 수 있겠지요.

이렇게 불안한 마음을 적당한 크기로 잘 다스리면, 그것이 행복의 촉매제가 되기도 합니다. 우리가 롤러코스터나 자이로드롭 같은 놀이기구를 탈 때 무척 불안해하면서도 즐거워하는 것처럼 말이죠. 불안을 삶의 일부로 받아들이고 그 안에서 즐거움을 찾는다면, 더 이상 불안 때문에 잠들지 못하는 밤은 없을 것입니다.

내가 원하는 것을
나도 모를 때

"넌 원하는 게 뭐야?"

"어떤 거? 갖고 싶은 거?"

"아니, 그런 거 말고 진짜 간절하게 원하는 거."

"글쎄, 내가 원하는 거라…… 그런데 갑자기 왜?"

"그냥 요새 계속 그런 생각이 들거든. 내가 정말 원하는 게 뭔지도 모른 채 사는 거 같다고."

어느 날 친구와 이런 대화를 나눴습니다. 생각해보니 내가 정말 원하는 게 뭔지, 언젠가부터 고민하지 않고 살았더군요. 그저 하루하루 사는 데 급급해서, 인생에서 가장 중요하고 기본적인 질문조차 까맣게 잊고 있었던 거죠. 그 질문은 친구와 헤어진 뒤에도 오랫동안 제 머릿속에 남아 있었습니다. '어릴 땐 뭐가 되고 싶었지?' '가장 즐겁고 행복했던 때는 언제지?' '뭘 할 때 가장 뿌듯했지?' 이런 고민들의 해답을 찾기 시작한 겁니다.

그렇게 책상에 앉아 생각에 잠겨 있다가, 문득 책장에 꽂힌 책 한 권이 눈에 들어왔습니다. 제목은 김동영 작가의 『나만 위로할 것』. 천천히 책장을 넘겨 보다가 괜히 마음이 뭉클해지는 문장을 만났습니다.

나는 내게 조용히, 좋아서 하는 일을 하며 살고 있느냐고 물어보았다. 사실 따지고 보면 내가 좋아하는 일은 겉으로 보기에 좋아 보이는 일이었지 정말 내가 좋아했던 일은 아니었던 것 같다.
내가 좋아하는 일을 찾기에는 너무 늦은 나이인지는 모르겠지만 가능하면 만족하고 즐거워할 수 있는 일을 하며 지내고 싶다.

책장을 덮고 가만히 눈을 감아보았습니다. 이 문장이 제 고민에 해답을 주지는 않았지만, 제 마음을 그대로 대변해주는 것만으로도 큰 위로를 받았습니다. 오랜 습관이기도 한데, 저는 힘든 일이 있거나 위로가 필요할 때마다 책을 뒤적입니다. 그렇게 한 문장 한 문장에 집중하다가 문득 제 마음을 대변해주고 어루만져주는 문장을 만나면, 위로를 받고 힘을 얻는 거죠. 김동영 작가의 글 역시 그랬습니다. '내가 원하는 게 뭘까?'라는 질문에 돈으로 살 수 있는 물건이나 겉으로만 좋아 보이는 일이 아니라 진짜 원하고 좋아하는 게 뭔지 깊이 고민하게 되었지요.

사실 원하는 건 상황에 따라 계속 바뀝니다. 분명 내가 좋아해서 시작했는데 싫증이 나기도 하고, 시간이 지나고 보니 내가 원해서 한 게 아니라 다른 사람이 원한 일인 경우도 있었죠. 대체로 이런 말을 듣고 하게 된 일이 그랬습니다.

"지금 고생해야 나중에 편해져. 네가 원하는 건 나중에 다 할 수 있어."

학생 때부터 사회인이 된 이후까지, 우리는 이런 말을 정말 많이 들어왔습니다. 대학에 가기 위해 공부해야 하고, 좋은 곳에 취업해야 하고, 결혼해야 하고, 아이를 낳아야 한다고 말이죠. 행복하기 위해 해야 되는 일들이 너무 많습니다. 하지만 그런 말을 전부 따라야 행복할까요? 오히려 이리저리 휘둘리다가 정말 원하는 걸 잃어버리진 않을까요?

행복하기 위해서는 지금 내 마음에 귀 기울여야 합니다. 다른 사람의 기준만 좇아서는 결코 행복해질 수 없으니까요. 설령 나중에 마음이 변하더라도, 그땐 그 변한 마음에 또 충실하면 됩니다. 행복은 어딘가 멀리 있는 게 아니라, 우리가 지금 여기에 충실할 때 얻을 수 있으니까요. 김민철 작가의 『모든 요일의 여행』에 있는 이 글처럼 말입니다.

예전 책에
'여기서 행복할 것'
이라는 말을 써두었더니
누군가 나에게 일러주었다.

'여기서 행복할 것'의 줄임말이
'여행'이라고.

나는 크게 고개를 끄덕였다.

저도 이 글을 읽고 고개를 끄덕였습니다. 사실 우리는 모두 삶이라는 여행을 하고 있죠. 그 여정이 즐거우려면 다른 사람이 아닌 우리가 좋아하는 일로 일정을 채워야 합니다. 예를 들어, 카페에서 편히 쉬는 게 관광지를 다니는 것보다 좋으면 그렇게 하면 됩니다. 다른 사람이 아무리 좋다고 해도 내가 내키지 않는 일을 하면 행복할 리 없죠. '무조건 이건 해야 돼'라는 건 없어요. 다른 사람이 아닌 지금 내 마음의 목소리에 차분히 귀 기울이면, 정말 원하는 게 뭔지 조금씩 들리기 시작할 겁니다. '바로 지금 네가 행복한 일을 해. 누군가 손가락질하고 못마땅해하더라도, 정말 원하는 일을 해'라고 말이지요.

로맹 가리가 에밀 아자르라는 필명으로 발표한 소설『자기 앞의 생』의 첫 장에는 이런 인용문이 있습니다.

그들이 말했다.

"넌 네가 사랑하는 사람 때문에 미친 거야."

내가 말했다.

"인생의 맛은 정신 나간 사람만 알고 있지."

이처럼 우리가 행복하기 위해서는 정말 원하는 게 뭔지, 마치 정신 나간 사람처럼 끊임없이 고민하고 찾아야 하는 것 같습니다. 그 일은 다른 사람에게 맡길 수 없습니다. 오직 우리 스스로 해야 하지요.

어쩌면 그 작업은 평생 하게 될지도 모릅니다. 정말 원하는 걸 빨리 못 찾을 수도 있고, 그것이 계속 바뀔 수도 있으니까요. 하지만 여행의 즐거움은 계획된 일정을 지킬 때만 생기는 게 아닙니다. 때론 일정이 틀어지고 온갖 우여곡절을 겪는 도중에 생기기도 하죠.

행복 역시 이와 같습니다. 인생이라는 긴 여정 곳곳에, 예기치 않은 순간 속에 깃들어 있죠. 진심으로 열중하고 환하게 웃을 수 있는 일들로 그 여정을 채워 간다면, 우리 인생은 어느새 기쁨으로 가득 찰 것입니다.

상처를 치유하는
적절한 거리

상처가 많은 사람일수록 더 밝게 웃고, 더 눈치를 보고, 더 괜찮은 것처럼 보이려 애씁니다. 누구에게도 상처를 들키기 싫어서 마음속 깊은 곳에 숨겨두고 문까지 닫아두는 거죠. 어떤 상처는 너무 깊숙한 곳에 있어서, 일부러 들춰내지 않으면 스스로도 그런 상처가 있다는 걸 모를 때도 있습니다.

하지만 그렇게 감춰둔다고 상처가 저절로 아물거나 사라지진 않습니다. 겉으로 잘 티가 나지 않더라도, 상처는 나도 모르는 순간 그 깊숙한 곳에서 슬쩍 빠져나오니까요. 자신도 미처 알지 못한 상처로 갑자기 눈물이 흐를 때, 그런 날은 아주 평범한 하루를 보냈을 때에도 불쑥 찾아옵니다. 예를 들면, 누군가에게 이런 말 한마디를 들었을 때 말이지요.

"정말 괜찮아?"

제때 상처를 치료하지 못한 채 그대로 괜찮은 척 살아가는 사람이 많습니다. 누구도 상처받지 않고 행복한 일만 있으면 좋으련만, 세상은 그렇게 호락호락하지 않죠. 우리는 살아가면서 무수한 상처를 주고받게 되고, 그 상처들은 자연스레 잘 아물 때도 있지만, 어떤 건 흉터가 되고, 또 어떤 건 마음속 깊은 곳에 곪은 채로 남게 됩니다. 그럼 상처를 잘 아물게 할 방법이 없을까요? 곪거나 흉터가 남지 않도록 잘 치료할 방법은 없을까요?

주변 사람이 던지는 사소한 말 한마디에도 크게 상처받을 때가 있습니다. 아무 생각 없이 툭 던지는 말에 날카롭게 베이는 거죠. 이렇게 사소한 말들이 가슴에 박히고, 또 여러 번 반복되다 보면 상처가 쌓입니다. 이와 반대로 우리가 의도하지 않게 다른 사람에게 상처를 주는 일도 있을 겁니다. 그런 상처들 속에서 우리는 방황하고 좌절하며, 때로 괴로워하거나 분노하기도 하지요. 설령 의도한 것이 아니더라도 상처를 주고받으며 살아가는 것이 우리 인생입니다.

언젠가 함께 프로젝트를 진행하던 회사 선배에게 이런 말을 들은 적이 있습니다.

"뭐, 승환이 네가 그 분야는 잘하니까."

처음에는 칭찬으로 여겼지만, 얼마 뒤 다른 프로젝트를 할 때도 그 선배가 계속 비슷한 말을 하고 다닌다는 얘기를 전해 듣게 되었습니다. 기분이 좋지 않았습니다. 그냥 별 뜻 없는 말일 수도 있지만, 그 사소한 한마디가 계속 머릿속에서 맴돌 았습니다. 다른 일은 잘 못하고 그냥 그 분야만 잘한다는 소 리로 들렸거든요.

그 선배와는 평소 대화를 많이 나누거나 친한 사이가 아니 었습니다. 그래서 그냥 별다른 생각 없이 했던 말이 다른 뜻 으로 왜곡돼 전달됐을 수도 있겠죠. 하지만 친하든 그렇지 않 든 말과 행동을 조심하면서 적절한 거리를 유지하는 게 필요 합니다. 적절한 거리가 침범당할 때 뜻하지 않은 오해가 발생 할 수 있기 때문입니다.

사람들은 말한다, 사람 사이에 느껴지는 거리가 싫다고. 하지 만 나는 사람과 사람 사이에도 적당한 간격이 필요하다고 생각 한다. 사람에게는 저마다 오로지 혼자 가꾸어야 할 자기 세계가 있기 때문이다. 또한 떨어져 있어서 빈 채로 있는 그 여백으로 인해 서로 애틋하게 그리워할 수 있게 된다. 구속하듯 구속하지 않는 것, 그것을 위해 서로 그리울 정도의 간격을 유지하는 일은 정말 사랑하는 사이일수록 필요하다. 너무 가까이 다가가서 상처 주지 않는, 그러면서도 서로의 존재를 늘 느끼고 바라볼 수 있는 그 정도의 간격을 유지하는 지혜가 필요한 것이다. 나는 나무들이 올곧게 잘 자라는 데 필요한 이 간격을 '그리움의 간격'이라고 부른다. 서로의 체온을 느끼고 바라볼 수는 있지만 절대 간섭하거나 구속할 수 없는 거리, 그래서 서로 그리워할 수밖에 없는 거리.

우종영 작가의 에세이 『나는 나무처럼 살고 싶다』의 한 구절입니다. 사람에게 상처를 받거나 상처를 주게 될 때, 저는 이 문장을 되새기며 관계의 적절한 거리에 대해 고민합니다.

사람 사이의 관계와 거리를 인류학자 에드워드 홀은 '개체 공간Personal Space'이라는 개념으로 설명했습니다. 모든 개체는 자신의 주변에 일정한 공간을 필요로 하고, 다른 개체가 그 안에 들어오면 긴장과 위협을 느낀다고 합니다. 가족과는 20센티미터, 친구와는 46센티미터, 회사 동료와는 1, 2미터 정도의 거리가 있을 때 안정감을 느낀다는 것이죠.

이는 단지 물리적 거리만 말하는 게 아니라, 정신적 거리도 포함합니다. 아무리 친한 관계라 하더라도 적절한 거리는 필요하죠. 가까운 사이라고 함부로 그 거리를 침범하면 안 됩니다.

우리에겐 저마다 자기만의 세계가 있습니다. 정말 아끼고 사랑하는 사람이 곁에 있어도, 가끔은 오로지 혼자 힘으로 자기만의 세계를 돌볼 필요가 있죠. 나무나 꽃이 올곧게 자라는데 적절한 간격이 필요한 것처럼, 우리에게도 그리움의 간격이 필요합니다. 그 적당한 거리를 존중함으로써 사랑하는 사람을 아끼며 더욱 애틋해할 수도 있고 우리 역시 좋은 모습으로 성장할 수 있습니다.

앞서 살펴본 우종영 작가의 글은 바로 이러한 깨달음을 전합니다. 제목처럼 나무와 사람에 대해 다루고 있는 책으로 따뜻한 통찰이 느껴지는 문장이 많죠. 물론 작가 개인의 삶은 평탄하지 않았습니다. 색맹이라는 한계에 부딪혀 천문학자라는 꿈을 접어야 했고, 오랜 기간 방황했습니다. 그렇게 절망 속에서 산에 올라 죽음까지 생각했을 때, 그에게 깨달음을 준 것이 바로 어떤 모진 날씨에도 굳건하게 제자리를 지키고 서 있는 나무의 존재였습니다. 이렇게 상처와 아픔 속에서 피어난 글이기에 독자의 마음에 더 크게 와닿는 것이겠지요.

이렇듯 살면서 가장 상처받고 힘겨운 순간에 진심으로 위로가 되는 문장이 있습니다.

슬픔이 한 번도 본 적 없는 거대한 모습으로 눈앞을 가로막더

라도 놀라지 마십시오. 그리고 믿어야 합니다. 삶이 당신을 잊지
않았다는 것을. 당신의 손을 꼭 잡고 있다는 것을. 결코 그 손을
놓지 않으리라는 것을.

독일 시인 라이너 마리아 릴케가 쓴『젊은 시인에게 보내
는 편지』의 일부입니다. 이 책은 릴케가 후배인 카푸스에게
보낸 편지를 모은 것으로 글쓰기와 삶에 대한 통찰이 가득 담
겨 있습니다. 저는 이 문장을 읽고, 마치 릴케가 우리에게 이
렇게 말하는 것처럼 느꼈습니다. 긴 우리 인생에서 지금의 상
처는 일시적이고 얼마든지 치유될 수 있다고 말이죠.

나를 믿어주는 누군가가 늘 곁에 있다면 더 좋겠지만, 설령
그런 사람이 지금 없다고 하더라도 스스로 충분히 괜찮은 사
람이고 너무도 소중하고 귀한 사람이라고 생각해야 합니다.
지금의 아프고 시린 상처도 얼마든지 극복할 수 있다고 믿어
야 합니다. 적어도 내 삶만큼은 언제나 나를 응원하고 있다는
사실을 잊지 않으면서요. 이런 메시지를 전하는 시 한 편을
감상해보겠습니다. 김종삼 시인의 「어부」입니다.

바닷가에 매어둔
작은 고깃배
날마다 출렁거린다

풍랑에 뒤집힐 때도 있다
머얼리 노를 저어나가서
헤밍웨이의 바다와 노인이 되어서
중얼거리려고

살아온 기적이 살아갈 기적이 된다고
사노라면
많은 기쁨이 있다고

우리는 때로 스스로 상처를 입기도 합니다. 자기를 평가하는 기준을 너무 높게 세울 때가 그렇지요. 실제로는 충분히 잘하고 있는데도 스스로 평가절하하거나, 자존감이 떨어진 나머지 상대에게 자신을 한없이 낮추는 것이지요. 내가 나를 충분히 사랑해줘도 모자란데, 그러지 못하고 질책만 한다면 얼마나 큰 상처가 될까요.

스스로를 향해 너는 이렇다. 저렇다. 판단의 잣대를 들이대지 마세요. 그럴 때마다 당신이 얻는 것은 상처뿐입니다.

파울로 코엘료의 소설 『마법의 순간』의 한 문장입니다. 이처럼 판단의 잣대를 엄하게 들이대서, 자신을 해치고 상처 주지 않도록 주의해야 합니다.

엄격한 판단의 잣대를 들이대는 일은 자신뿐 아니라 타인에게도 늘 조심해야 합니다. 특히 가족, 친구, 연인 등 가까운 사람일수록 더 주의해야 하죠. 가깝다고 아무렇지 않게 자신의 잣대를 들이댄다면 자칫 소중한 사람에게 큰 상처를 줄 수도 있습니다.

당연한 말이겠지만, 우리에게 필요한 건 상처를 주는 관계가 아니라 힘이 되어주고 사랑하고 위로해줄 수 있는 관계입니다. 그렇게 서로를 위로할 수 있다면, 우리는 홀로 아파하고 괴로워하는 대신 더욱 단단한 관계들로 상처를 치유하고 삶을 보다 아름답게 꾸려나갈 수 있겠지요.

상처에 대한 이야기를 마무리하며 앞서 소개한 『젊은 시인에게 보내는 편지』의 또 다른 문장을 선물해드리려 합니다. 상처받는 것을 너무 두려워하거나 아파하지 말고, 반대로 상처를 주더라도 자책하는 대신 성찰을 하면서 마음을 어루만져나가기를.

그러기에 저는 제가 할 수 있는 한 당신께 이런 부탁을 드리고 싶습니다. 그것은 다름 아니라 당신의 가슴속에 풀리지 않은 채로 있는 문제들에 대해서 인내심을 갖고 대하라는 것과 그 문제들 자체를 굳게 닫힌 방이나 지극히 낯선 말로 쓰인 책처럼 사랑하려고 노력하라는 것입니다.

당장 해답을 구하려 들지 마십시오. 아무리 노력해도 당신은 그 해답을 구하지 못할 것입니다. 왜냐하면 당신은 아직 그 해답을 직접 체험하지 못했기 때문입니다. 그러므로 모든 것을 직접 몸으로 살아보는 것이 중요합니다. 이제부터 당신의 궁금한 문제들을 직접 몸으로 살아보십시오. 그러면 먼 어느 날 자신도 모르게 자신이 해답 속에 들어와 살고 있음을 깨닫게 될 것입니다.

외로움의
여러 모양

겨울이 깊어갈수록 왠지 모를 쓸쓸함도 커져갑니다. 풍성했던 초록빛 잎이 하나둘 떨어지고 가지만 남은 앙상한 가로수들을 보고 있으면 온몸의 온기도 같이 빠져나간 기분이 들지요. 추운 날씨 탓에 몸을 웅크리고 다녀서일까요? 사람들과의 거리도 더 멀게 느껴집니다. 그래서인지 겨울에는 춥다는 말만큼이나 외롭다는 말을 더 자주 내뱉게 되는 것 같습니다.

언제부터인지 사람들이 제 곁에 오래 머물지 않고 다들 떠나간다는 생각이 부쩍 잦아졌습니다. 여러 사람이 손때만 묻히고 금방 내려놓은 책처럼 제 마음 한구석도 어둡게 때가 탄 것 같았죠. 예전에는 사람들에게 먼저 다가가 저라는 책을 펼쳐 보이곤 했습니다. 마음을 털어놓고 깊은 진심을 보여주려

했어요. 누군가와 깊게 연결되고 싶었고 속마음을 나누고 싶었습니다. 외동아들이라 남들보다 더 외로움을 많이 타서 그런 걸까요?

하지만 속마음까지 털어놓는 걸 부담스러워하며 멀어진 사람도 있었고, 가까운 사람과 오해가 생겨 사이가 틀어지는 일도 있었습니다. 제 입장과 행동이 늘 옳지는 않았겠죠. 사람마다 가치관과 생각이 다르고, 때로는 오해도 있었을 겁니다. 한때 아주 가까웠으나 이제 다시는 보지 않게 된 사람, 기억에서도 어렴풋하게 희미해진 사람을 생각하면 가끔 허전해집니다. 저란 사람에게 문제가 있어서 결국 누구와도 멀어질 수밖에 없는 걸까요?

아마 이런 기분을 느끼는 사람이 저 혼자만은 아니겠죠. 밤에 혼자 있을 때, 가까웠던 사람과 문득 거리감이 들 때, 또는 스스로 어디에도 속하지 못한다고 느끼거나 힘들어도 의지할 누군가가 생각나지 않을 때, 우리는 한없이 외로워집니다. 이렇듯 외로움의 원인이 너무도 다양해서, 우리는 시시때때로 외로움을 느끼는 건지도 모르겠습니다.

혹시 그런 말 들어보셨나요? 만약 지금 외롭다면, 그보다 더 격하게 외로워질 때에야 비로소 그 외로움을 잊을 수 있다는 말을요. 허수경 시인의 에세이『너 없이 걸었다』는 이러한 깊은 외로움을 다음과 같은 아름다운 문장으로 표현합니다.

이 도시에서 나는 혼자 걸어 다니는 이방인이었다. 오랫동안 몸 없는 유령이라는 생각도 들었다. (……) 내 도시들은 비행기로 열 시간가량 떨어진 곳에 있었다. 낯섦을 견뎌내는 길은 걷는 것 말고는 없었다. 걷다가 걷다가 마침내 익숙해질 때까지 살아낼 수밖에 없었다.

머나먼 이국땅에서 평생 고향을 그리워한 시인의 마음이 느껴지는 문장입니다. 이 문장에서 저는 저 자신의 모습을 떠올리기도 했고, 혼자만 외로움을 느끼는 것은 아니라는 생각에 잠시나마 외로움을 덜 수 있었습니다. 백석 시인도「흰 바람벽이 있어」라는 시에 이런 감정을 잘 담아냈는데, 그 일부를 살펴보겠습니다.

하늘이 이 세상을 내일 적에 그가 가장 귀해하고 사랑하는 것들은 모두
가난하고 외롭고 높고 쓸쓸하니 그리고 언제나 넘치는 사랑과 슬픔 속에 살도록 만드신 것이다
초생달과 바구지꽃과 짝새와 당나귀가 그러하듯이

그리고 또 '프랑시쓰 쨈'과 도연명과 '라이너 마리아 릴케'가
그러하듯이

하늘로부터 사랑받는 것들이 오히려 "가난하고 외롭고 높
고 쓸쓸하니 그리고 언제나 넘치는 사랑과 슬픔 속에 살도록"
만들어졌다는 시인의 말은, 결국 세상 어느 누구도 외로움을
피할 수 없다는 진실을 말하고 있습니다. 심지어 혼자 있을
때뿐 아니라 여러 사람과 함께 어울릴 때도 외로움은 불쑥 찾
아와요. 소속감을 느끼지 못하거나 대화의 공감대를 찾지 못
해 소외감을 느낄 때 외로워지는 거지요.

또한 오늘날 우리는 인터넷과 스마트폰을 통해 24시간 다
른 사람과 밀접하게 연결돼 있고, 하루에도 수많은 사람과 연
락을 주고받습니다. 하지만 관계로 인한 외로움은 오히려 더
깊어졌지요. SNS 친구는 수백, 수천, 수만 명에 달하지만 실
제로 만나서 대화를 나누는 일은 오히려 줄어들었고, '이웃사
촌'이라는 말은 이미 오래전 사전에서나 찾을 수 있는 말이
됐습니다.

그렇다면 우리는 이런 외로움을 어떻게 극복할 수 있을까
요? 저의 개인적인 방법을 말씀드리면, 저는 외로울 때 책을
읽습니다. 책을 읽는 일이 외로움 자체를 완전히 없앨 순 없

지만, 적어도 내가 느끼는 감정을 다른 누군가도 느끼고 있다는 위안을 얻게 되죠. 모든 사람이 일정 부분 외로움을 안고 살아갈 수밖에 없다는 생각이 들면, 왠지 외로움이 저를 위로해주는 듯한 기분이 듭니다. 이런 제 마음에 잘 와닿은 시 한 편을 소개하겠습니다. 정호승 시인의 「수선화에게」입니다.

울지 마라
외로우니까 사람이다
살아간다는 것은 외로움을 견디는 일이다
공연히 오지 않는 전화를 기다리지 마라
눈이 오면 눈길을 걸어가고
비가 오면 빗길을 걸어가라
갈대숲에서 가슴 검은 도요새도 너를 보고 있다
가끔은 하느님도 외로워서 눈물을 흘리신다
새들이 나뭇가지에 앉아 있는 것도 외로움 때문이고
네가 물가에 앉아 있는 것도 외로움 때문이다
산 그림자도 외로워서 하루에 한 번씩 마을로 내려온다
종소리도 외로워서 울려퍼진다

사람만 외로운 게 아니라 종소리도 그림자도 동물도 자연도 심지어 신마저도 외로움을 느낀다는 것은 그 어떤 말보다 더 큰 위로를 건넵니다. 외로움을 견디기 위해 꼭 무언가 다른 일을 해야만 하는 것은 아닙니다. 각자가 외로움을 견디고 이겨내기 위한 방법은 다 다르니, 누군가가 겪는 외로움을 위로하려면 일단 먼저 이야기를 듣고 공감하며 지켜보는 것이 중요하지요.

세상에는 수많은 모양과 크기의 외로움이 있고, 그것은 서로 비교할 수 없습니다. 백 명의 사람이 있다면 백 개의 외로움이 있고, 우리는 저마다 다른 외로움을 홀로 외롭게 견뎌내야 하죠. 누구도 타인의 외로움을 잘 안다고 쉽게 말할 순 없습니다. 이런 점을 잘 알 때에야 우리는 비로소 섣불리 쉽게 던지는 위로가 아닌, 진심 어린 공감과 위로를 아주 조심스레 건넬 수 있습니다.

외로움을 견디는 일,
그건 누구에게도 쉽지 않은 일.
세상 그 누구도 해결하지 못한 문제.
당신이 가진 외로움을 부디 함께 나눌 수 있기를.
그 무게를 조금이나마 덜어낼 수 있기를.

바닥 모를 깊은 수렁에 빠져

홀로 내버려진 듯한 기분이 들 때도,

세상 어딘가에는 반드시

당신처럼 외로워하는 이가 있음을,

아니, 실은 세상 모든 이들이 당신과 다르지 않다는 걸

언제나 잊지 않기를.

그리하여 그 외로움을

함께 견뎌나갈 수 있기를.

어쩌면 그것이야말로

우리가 할 수 있는 유일한 위로이기에.

후회가 남지 않는
사랑

그 선율이 무슨 의미인지 당시에는 몰라. 그건 결국 늦게 배달되는 편지와 같은 거지. 산 뒤에 표에 적힌 출발 시간을 보고 나서야 그 기차가 이미 떠났다는 사실을 알게 되는 기차표처럼. 우리는 지나간 뒤에야 삶에서 일어난 일들이 무슨 의미인지 분명히 알게 되며, 그 의미를 알게 된 뒤에는 돌이키는 게 이미 늦었다는 사실을.

첫사랑은 이루어질 수 없다고, 누군가 그랬던가요. 아마 대부분 사랑했던 사람과 이별한 경험이 있을 겁니다. 그럴 땐 잘못했던 일만 생각나고, 시간을 되돌리고 싶고, 후회가 되지요. 위에서 인용한 김연수 작가의 소설 『네가 누구든 얼마나 외롭든』의 문장은 이런 감정을 너무나도 잘 표현하고 있습니다.

이처럼 문득 지난 일이 후회스러울 때가 있습니다. 아쉬운 순간이 머릿속을 떠다니며 잊히지 않고, 계속 후회를 만들어내는 거죠. 그런 후회가 지금 이 순간을 계속 방해하기에, 후회는 또 다른 후회를 낳기도 합니다. 이러한 점을 생각하면, 어쩌면 우리 인생은 많든 적든 필연적으로 후회라는 짐을 짊어지고 꾸역꾸역 살아야 하는 건 아닐까 하는 생각이 듭니다.

그러나 모든 후회가 나쁜 건 아닙니다. 어떤 후회는 지난 잘못을 반성하고 앞으로 더 나은 선택을 할 수 있도록 도와주니까요. 그렇다면 우리는 어떻게 해야 좋은 후회를 하고, 나쁜 후회를 줄일 수 있을까요?

어느 초겨울 서촌의 한 카페에서 있었던 일입니다. 지인과 이야기를 나누고 있는데, 갑자기 지인의 시선이 제 눈과 등 뒤쪽으로 번갈아 움직이더군요. 무슨 일인가 싶어서 뒤를 돌아봤더니 Y가 서 있었습니다. 그렇게 오랜만에 Y와 대화를 나누게 됐지요.

"잘 지냈어? 얼굴 좋아 보인다."

"그래? 난 잘 지냈지."

"사실 난 좀 많이 후회했어. 그렇게 헤어지고 나서."

10년 전, 당시 여자친구였던 Y는 제게 갑자기 이별을 통보해왔습니다. 그러고는 얼마 지나지 않아 미국으로 유학을 떠났죠. 붙잡으려고도 해봤고 이유라도 들어보려 애썼지만 제대로 된 이야기를 듣지 못했습니다. 그저 일방적인 통보였죠. 그렇게 시간이 흘러 우연히 다시 만나 뒤늦게 후회한다는 말을 듣게 된 건데, 별로 슬프다거나 아쉽다거나 화가 나지는 않았습니다. 전혀 마음이 움직이지 않았죠.

"그땐 너무 어렸던 거 같아. 미안해."

"그럴 수도 있지. 너무 미안해하거나 후회하진 마. 나도 너랑 헤어진 거 하나도 후회 안 하니까. 그때 난 정말 너한테 최선을 다했거든."

Y는 여전히 후회가 남은 표정이었지만, 제겐 어떤 감정도 남아 있지 않았습니다. Y에게 한 말처럼 정말 최선을 다했거든요. 물론 저도 후회가 남는 사랑을 한 적이 있습니다. 사랑받는 걸 당연시해서 상대의 마음을 소홀히 대했죠. 그렇게 잘못을 저지르고 후회하면서 저는 한 가지 결심을 했습니다. 언제나 지금 곁에 있는 사람에게 최선을 다하자고, 나중에 후회하지 않기 위해서라도 말이지요.

우리는 현재에 충실하지 못할 때 후회하게 됩니다. 사랑을 예로 들면, 지금 눈앞에 있는 사람을 소중히 여기지 않고 소홀히 대하거나 한눈파는 잘못을 저지르는 거죠. 이런 행동은 상대에게도 크게 잘못하는 일이지만, 결국 자기 자신에게도 큰 후회와 상처를 남깁니다. 정신분석학자이자 사회심리학자인 에리히 프롬은 『사랑의 기술』에서 이렇게 말합니다.

정신을 집중한다는 것은 전적으로 현재에, 지금 여기에 살고 있다는 것, 따라서 지금 무엇인가 하고 있으면서 다음에 해야 할 일은 생각하지 않는다는 뜻이다. 말할 것도 없이 정신 집중은 서로 사랑하고 있는 거의 모든 사람이 실행해야 한다. 그들은 관습적으로 행해지고 있는 여러 가지 방식으로 도피하지 말고 서로 친밀해지는 법을 배워야 한다.

사랑이란 그저 습관적으로 만나서 밥을 먹고, 사진을 찍고, 사랑하는 연인을 흉내 내는 것이 아닙니다. 상대의 눈을 바라보고 그의 말에 귀 기울이며 무엇에 관심이 있는지 오늘 하루는 어떻게 보냈는지 감정을 나누는 것이지요.

이처럼 현재에 충실해야 후회하지 않을 수 있다는 말은 꼭 사랑에만 국한되는 이야기는 아닙니다. 우리가 뭔가를 꿈꿀 때에도, 어쩌면 인생 자체를 살아갈 때에도 똑같지요. 평생 가난한 떠돌이 노동자로 살아가면서 사회와 인간을 읽는 통찰력 있는 책을 여럿 남긴 한 철학자는 우리에게 이런 메시지를 전합니다.

나는 도시에서 도시로 이어지는 길로 나서야 한다. 도시마다 낯설고 새로울 것이다. 도시마다 자기 도시가 최고라며 나에게 기회를 잡으라고 할 것이다. 나는 그 기회들을 하나도 놓치지 않을 것이며, 결코 후회하지 않을 것이다.

바로 에릭 호퍼의 자서전 『길 위의 철학자』에 실린 문장입니다. 그는 어릴 적 부모를 잃고, 열다섯 살 때까지 시각장애를 앓는 등 고단한 삶을 살았습니다. 하지만 그는 끊임없이 책을 읽고 땀 흘려 노동하면서 누구보다 뜨겁게 살았습니다. 자기 인생의 길목에 있는 수많은 기회를 단 하나도 놓치지 않으려 애쓴 거죠. 그리고 마침내 전 세계적인 사상가의 반열에 올라 대통령 자유훈장까지 받았습니다. 만약 그가 현실을 한탄하고 후회만 했다면 그런 훌륭한 삶을 살 수 있었을까요?

후회라는 감정에 지나치게 매몰돼서는 안 됩니다. 후회하는 대신 내가 저지른 잘못을 정확하게 인식하고 반성함으로써 다시 삶을 살아갈 힘을 얻어야 하는 거죠. 저 역시 잘못을 후회하고 반성할 때마다 철학자 키르케고르가 했던 말을 격언처럼 되새기곤 합니다.

인생은 뒤돌아볼 때 비로소 이해되지만, 우리는 앞을 향해 살
아야만 하는 존재다.

그렇습니다. 사람은 누구나 실수와 잘못을 저지릅니다. 그
래서 반드시 후회하는 순간을 마주하게 되죠. 하지만 지난 일
을 후회만 하는 건, 현재를 또 다른 후회의 순간으로 만들 뿐
입니다.

그렇게 여러분의 삶이 후회로만 가득 차도록 방치하지 마
세요. 후회를 오로지 후회하지 않는 데, 과거를 반성하고 현
재에 충실하고 미래로 나아가는 데 쓸 수 있다면, 우리 삶은
보다 단단해질 것입니다.

미움과 분노는
나의 힘

누군가 날선 말과 행동으로 마음을 세차게 찌를 때, 사랑하거나 믿었던 사람에게 배신당해서 큰 상처를 받을 때, 일상은 흔들리고 마음은 미움과 분노로 가득 찹니다.

이처럼 뜻하지 않게 누군가를 미워하거나 분노하는 상황은 누구에게나 있습니다. 대부분 시간이 지나면 자연스레 그 감정의 농도가 옅어지지만, 어떤 감정은 점점 더 커지고 진해져서 마음을 병들게 하고, 또 어떤 감정은 깊은 곳에 숨어 있다가 불쑥 달려들기도 합니다. 이런 감정은 대체 왜 생길까요? 또 어떻게 해야 잘 다스릴 수 있을까요?

미움과 분노의 감정이 생기는 이유는 많습니다. 다양한 얼굴로 우리에게 다가오죠. 그럴 땐 대체 왜 나한테 이런 일이 생기는지, 세상 모든 불행이 한꺼번에 몰아닥친 기분이 들기도 합니다. 저 역시 그럴 때가 있는데, 어떤 소설을 읽다가 그런 감정에 조금이나마 더 지혜롭게 대처하는 법을 깨닫게 됐습니다.

세상이란 건요, 행복의 모습은 대개 거기서 거기로 비슷하지만 불행의 모습은 제각각 다르답니다. 저마다 자기만의 특별한 고통을 짊어지고 있어요. 가난한 사람도 부자도 다 똑같아요. 그러니깐 당신만 무슨 특별한 사람은 아니라고요. 만약 당신만 특별히 고통스럽다고 한다면 그건 그렇게 믿는 당신 스스로가 특별히 불행한 거예요.

아사다 지로의 소설 『파리로 가다』에 나오는 문장입니다. 처음 그의 작품을 접하게 된 건 영화를 통해서인데요. 바로 일본 영화 「철도원」과 우리나라 영화 「파이란」입니다. 두 작품 모두 아사다 지로의 단편소설을 영화화한 작품으로 불행과 희망이 교차하는 삶의 아름다움을 잘 그려냈습니다. 저는 무척 다양한 색깔을 지닌 그의 소설을 좋아합니다. 잔잔한 감동과 울림을 주는 동시에, 인간의 어두운 면이나 현실도 담아내고 있기 때문입니다. 그가 이런 작품을 쓸 수 있었던 것은 유복한 어린 시절을 보내다 집안의 몰락으로 방황하며 사회의 어두운 면을 경험했기 때문일지도 모르겠습니다.

다시 『파리로 가다』로 돌아가면, 앞선 문장은 레프 톨스토이의 『안나 카레니나』의 유명한 첫 문장에 영향을 받은 것 같습니다. 바로 "행복한 가정은 서로 닮았지만, 불행한 가정은 저마다의 이유로 불행하다"라는 문장이지요. 아무튼 아사다 지로나 톨스토이의 말처럼, 불행도 고통도 누군가를 미워하거나 화를 내게 되는 상황도 한 사람에게만 특별하게 일어나는 일은 아닙니다. 저는 왠지 이 말에 위로를 받았어요. 나만 특별히 고통을 받는다는 생각 자체가 스스로를 특별히 불행하게 만드는 원인이라는 따끔한 충고도, 쓰렸지만 도움이 됐습니다.

분명 내 잘못이 아닌데도 책임을 떠맡거나, 다른 사람의 실수나 잘못으로 고생할 때가 있습니다. 누구라도 화가 나는 상황이죠. 반대로 뜻하지 않게 누군가에게 해를 끼치거나 사소한 문제로 관계가 틀어져서 자괴감에 빠지는 경우도 있습니다. 저는 그럴 때마다 앞선 문장을 통해 내 감정을 살펴보고 다스릴 여유를 얻었습니다.

우리 삶에서 그런 일은 부지기수로 일어납니다. 문제는 그럴 때 생기는 미움과 분노를 부정적인 것으로 여겨서 억누르거나 없애려고만 한다는 것이죠. 하지만 그럴 필요가 없습니다. 누구나 느끼는 자연스러운 감정이니까요. 너무 깊게 빠져 헤어나지 못하면 안 되지만, 참고 억누르는 것도 해롭습니다. 그렇다면 어떻게 해야 할까요? 박연준 시인은 우리에게 이렇게 조언합니다.

큰병이 아니더라도 자잘하게 아픈 곳이 생기면 그 자리에 몸과 마음이 묶여 오도 가도 못하게 된다. (……) 아프다는 것은 이겨내야 할 것이 아니라 지혜롭게 겪다, 보내야 하는 것이다.

그의 에세이 『소란』의 한 구절입니다. 시인은 아픔에 대해 이야기했지만, 사실 미움이나 분노 같은 감정도 마찬가지입니다. 이겨내거나 없애려고 하면 도리어 부작용을 겪을 수 있습니다. 마음에 병이 생길 수도 있고, 트라우마에 시달릴 수도 있지요. 괜찮다고만 생각했는데, 어느 날 불쑥 감정이 차올라 마음을 괴롭힐 수도 있습니다.

부정적인 감정이라고 무조건 억누를 필요는 없습니다. 괜찮습니다. 화가 날 땐 화를 내고, 대신 그 이후에 차분히 마음을 돌보면 됩니다. 그 모든 게 다 잘 겪어내고 있는 과정입니다. 여름에 태풍이 지나가면 많은 피해가 발생하긴 하지만, 폭염도 한풀 꺾이고 대기나 해양, 토양 오염이 해결되는 순기

능도 있다고 하죠. 미움과 분노 같은 감정도 태풍과 같습니다. 지나치게 휘말리지만 않도록 주의한다면, 마음이 건강하게 유지되도록 도와주니까요.

사회적인 측면에서도 미움과 분노의 순기능이 있습니다. 사회가 정의롭지 않을 때, 예컨대 고위 공직자가 부정부패를 저지르고도 처벌받지 않을 때, 우리는 당연히 분노하고 바로잡으려 합니다. 만약 이때 누구도 화를 내지 않는다면 어떨까요? 아마 사회정의는 실현되지 않겠지요.

위대한 성인으로 꼽히는 공자 역시 이런 정확한 미움과 분노의 필요성에 대해 말한 적 있습니다. 『논어』 「양화」 편과 「헌문」 편에는 다음과 같은 이야기가 실려 있습니다. 제자 자공이 "군자도 미워하는 것이 있습니까?"라고 묻자, 공자는 당연히 그렇다고 말합니다. 그런데 누군가 다시 "은덕으로써 원한을 갚으면 어떻습니까?"라고 묻자, 공자는 얼굴빛을 고치며 이렇게 대답합니다. "어찌 원한을 은덕으로 갚겠느냐?"

우리는 정말 연약한 존재입니다. 머리로는 별일 아니라는 걸 알고 있을 때에도 감정이 흔들리고 괴로움을 느끼니까요. 미움과 분노라는 감정이 불편하고 어렵게 느껴지는 것은, 쉽게 통제가 안 될 뿐 아니라 그런 감정을 느끼면 힘이 빠지고 정신이 고갈되며 심지어 자책하는 마음까지 들기 때문입니다.

하지만 미움과 분노는 누구나 느끼는 자연스러운 감정입니다. 지혜롭게 겪다 보내야 하는 거죠. 마지막으로 지금 그 감정을 제대로 잘 떠나보내지 못했거나 누군가에게 미움과 분노를 산 일로 힘겨워하는 분들을 위해, 제가 〈책 읽어주는 남자〉를 운영하면서 소개해드린 최정은 님의 사연을 각색한 글을 전합니다.

생각이 많아지고
네 곁의 누구도 힘이 되지 않아 외롭겠지만
가끔은 모두가 그렇단 사실을 잊지 마

내 사람 같은 친구도 나를 이해하지 못하고
함께 살아온 가족조차 너를 쓸쓸하게 하지만
사실은 깊이 사랑하고 있다는 사실을 잊지 마
골목마다 사람마다
바람만 가득한 차가운 이 세상에
금쪽같은 시간을 뚫고
네 안부를 물어오는 사람이 있다면
그것만으로 너는 충분히
행복한 존재라는 사실을 잊지 마

제 걱정으로 매일이 벅찬 사람들이

가슴속의 혼란과 역경을 뚫고

너를 생각한다는 게 얼마나 따뜻한 일이니

매일의 저녁이 너에게 우울을 선물해도

세상 모든 음악이 네 심장을 울려 마음이 어두워도

네 믿음이 불안해 눈물이 난다 해도

네 불안이 마음을 잡아먹는 일이 있다 해도

구름도 가끔은 햇빛을 믿지 못해 비를 쏟아내는데

누군가는 너를 위한 글을 쓰고 있다는 걸

너의 우울을 끌어안기 위해 위로를 하고 있다는 걸

슬퍼하지 말고 괴로워하지 않길

바람도 가끔은 불기가 지겨워 적막하고

해바라기도 가끔은 목이 아프고

연어도 가끔은 제 갈 길이 막막해 폭포에 쓰러지곤 하는데

네가 지금 좌절이 된다고 해서 홀로 울지 않길

너는 많은 사랑을 가진,

사랑으로서 사람이 된, 사랑의 존재라는 걸

절대 잊지 마.

위대한
집착

오랫동안 준비한 프로젝트가 하나 있었습니다. 하지만 시간이 지날수록 계획은 점점 틀어졌고, 아무리 시간을 들이고 애를 써도 나아질 기미가 보이지 않았습니다. 머릿속으로는 이미 실패를 예감했지만, 차마 이를 인정할 수 없었습니다. 오히려 계속 더 매달렸죠. 이렇게 헛된 집착으로 몸과 마음이 점점 더 지쳐가던 그때, 저는 어딘가에서 다음과 같은 한 문장을 만나고서야 마침내 무거운 짐을 내려놓을 수 있었습니다.

인정하면 집착이 없어진다. 그 사람이 내 사람이 될 수 없고, 그 물건이 내 물건이 될 수 없고, 그 돈이 내 돈이 될 수 없고, 그의 재능이 나의 재능이 될 수 없다는 것을. 그런데 인정하고 나니 한편으론 여유가 생겼지만 한편으론 미친 듯이 슬퍼졌다.

우리는 살아가면서 다양한 집착을 하게 됩니다. 제 경우처럼 실패가 뻔히 보이는 일에 헛된 집착을 할 때도 있죠. 사람의 마음이든, 갖고 싶은 물건이든, 재능이든, 내가 노력하고 매달린 만큼 좋은 결과를 얻을 수 있다면 얼마나 좋을까요? 하지만 현실은 그렇지 않습니다. 그럴 때 계속 매달리는 건 해롭습니다. 집착을 버려야 하죠. 하지만 머릿속으로는 알면서도 실천하기란 결코 쉽지 않습니다. 앞선 문장 역시 인정하면 집착이 없어진다고 말하면서도, 한편으론 미친 듯이 슬프다고 말하고 있습니다.

집착이란 대체 뭘까요? 사전에 따르면 "어떤 것에 늘 마음이 쏠려 잊지 못하고 매달림"이라고 하는데, 그렇다면 사람들 대부분은 살아가면서 집착을 완전히 버릴 순 없을 것 같습니다. 아무것도 바라지 않고 아무것에도 매달리지 않는 사람은 거의 없을 테니까요. 옛 성인인 노자는 『도덕경』에서 무사성사無私成私, 즉 "버려야 얻을 수 있다"라고 말했지만, 평범한 우리로서는 좀처럼 쉽지 않은 일입니다. 공지영 작가 역시 『공지영의 수도원 기행』에서 이런 집착의 어려움을 말하고 있지요.

버리면 얻는다. 그러나 버리면 얻는다는 것을 안다 해도 버리는 일은 그것이 무엇이든 쉬운 일이 아니다. 버리고 나서 오는 것이 아무것도 없을까 봐, 그 미지의 공허가 무서워서 우리는 하찮은 오늘에 집착하기도 한다.

내려놓아도 마음 한편이 슬퍼지고, 그 이후의 공허가 두려워 다시금 하찮은 오늘에 집착하게 되는 마음을 잘 대변해주는 문장입니다. 아마도 우리는 머리로는 다 알고 있을 겁니다. 집착을 내려놓아야 마음이 편해진다는 것을. 하지만 집착은 대개 우리 삶과 떼려야 뗄 수 없는 관계입니다. 프로이트가 "억압하는 것은 반드시 돌아온다"라고 말한 것처럼 버린다고 쉽게 버릴 수 있는 게 아니죠. 상황에 따라서는 잘못된 집착으로 자신은 물론 타인에게 피해를 끼치는 경우도 있지만, 사실 좋은 면도 많습니다. 앎에 대한 갈망이나 예술이나 과학에 대한 집착이 마침내 위대한 결과를 낳은 적이 많으니까요.

중요한 건 집착의 방향입니다. 잘못된 방향이 아니라 올바른 방향으로 집착한다면, 개인의 삶은 물론 사회와 국가, 나아가 인류에까지 도움을 줄 수 있습니다. 예컨대 레오나르도 다빈치의 「모나리자」, 미켈란젤로의 「천지창조」, 보티첼리의 「비너스의 탄생」 등 우리가 잘 알고 있는 르네상스 시대의 빛나는 예술적 성과들은 모두 천재적인 재능의 산물인 동시에 엄청난 집착의 결과물이었습니다. 남들은 미련하다고 여겼던 집착과 몰입으로 인류 역사에 남는 결실을 맺은 것이죠. 그들에겐 집착이 고통이 아니라 기쁨이었을 겁니다.

만약 내가 작품을 만들기 위해 얼마나 노력했는지 사람들이 안다면, 내 작품은 그리 대단하게 느껴지지는 않을 것이다.

우리에게 천재로만 알려진 미켈란젤로는 사실 그 스스로 이렇게 말할 만큼 예술을 향한 엄청난 집착과 열정을 지닌 노력의 화신이기도 했습니다. 「피에타」「다비드」 같은 조각 작품을 보면 도저히 돌을 깎아 만들었다고 볼 수 없을 만큼 표정에서부터 옷의 주름까지 세심하게 표현돼 있죠. 무려 4년 동안이나 천장에 매달린 채 발판에 누워 그린 시스티나 성당의 천장 벽화는 또 어떻고요. 비록 관절염과 근육경련, 눈병 등에 시달렸지만 그 위대한 집착 덕분에 수백 년이 지난 오늘날까지 우리는 그 놀라운 예술 작품을 감상할 수 있습니다.

이렇듯 집착을 늘 나쁜 쪽으로 바라볼 필요는 없습니다. 때때로 좋은 결과를 만들어주니까요. 중요한 건 나쁜 집착이 아니라 좋은 집착을 하는 것입니다. 스스로 기준을 가지고 옳고 그른 것을 판단하는 능력을 길러야 하죠. 저 역시 나를 소모하고 타인에게 피해를 끼칠 수 있는 집착은 버리고, 좀 더 행복하고 의미 있게 살도록 만들어주는 집착에 집중해야겠다는 다짐을 해봅니다.

차나
한잔할까요?

가끔은 모든 걸 내팽개치고 훌쩍 떠나고 싶은 기분이 듭니다. 이것저것 신경 쓰지 않고 숨어버리고 싶은 날도 있지요. 정신없이 바쁘게 돌아가는 일상에 너무 지치고, 해야 할 일도 많아서 감당하기 힘듭니다. 누군가는 '느리게 살기'나 '욜로' 같은 방법을 찾기도 하고, 명상이나 운동으로 마음을 다스리기도 합니다. 그렇게 무거워진 마음을 편하게 만들려고 애쓰지만, 쉬운 일은 아닌 것 같습니다.

갑작스레 힘든 일이 한꺼번에 몰리거나 극심한 스트레스를 받을 때, 저는 일단 차를 한잔 마십니다. 잠시 모든 걸 내려놓고 어수선해진 마음을 다잡으며 여유를 찾는 거죠. 따뜻한 차를 한 모금씩 넘기면 천천히 온몸에 온기가 퍼집니다. 그렇게 따뜻하게 몸을 데우고 주변에 은은하게 퍼지는 향을 맡고 있으면, 복잡하고 괴로운 마음이 찻잔 아래로 슬슬 가라앉으면서 문제의 실마리도 조금씩 보이는 것 같거든요.

차를 마시는 건 커피나 다른 음료를 마시는 행위와는 완전히 다른 것 같아요. 세상의 소란에서 잠시나마 벗어나 혼자만의 고요한 세계로 빠져드는 매력이 있지요. 그래서일까요. 많은 역사적 인물도 차를 사랑했다고 합니다. 특히 나폴레옹의 단 하나뿐인 취미가 바로 차 마시는 일이었다고 하죠. 하루에 겨우 네 시간만 자면서 온종일 유럽 정복의 꿈을 꾸었던 야심가였지만, 차를 마시는 시간만큼은 마음을 편하게 내려놓았겠지요.

마음이 편할 때나 편치 않을 때나 차를 마시는 시간은 늘 온화한 매력을 갖고 있습니다. 사람과 사람이 만나 편안하게 이야기를 나누게 하는 힘도 깃들어 있죠. 이러한 차의 매력을 김소연 시인은 『마음사전』에서 이렇게 표현합니다.

충분히 건조되었을 때에야 온몸으로 응축하고 있던 향기를 더 향기롭게 퍼뜨리는 뜨거운 차 한잔처럼 사람의 마음과 마음이 마주한 시간도 그와 같다. 향기롭게 발산하기 위하여 나에겐 언제나 따뜻한 물과 같은 당신이 필요하다.

마음을 차 향기에 비유한 이 글을 읽고 있노라면, 왠지 온 몸이 차를 마실 때처럼 따뜻하게 데워지는 것 같습니다. 우리에겐 이처럼 따뜻한 물 한잔 같은 존재가 필요합니다. 그건 가족이 될 수도 있고, 친구가 될 수도 있고, 자기 자신이 될 수도 있어요. 이 세상이 차가운 겨울처럼 느껴질 때 그런 존재와 따뜻한 차를 나누며 마음 편하게 이야기꽃을 피울 수 있다면 얼어붙은 마음도 조금은 녹일 수 있겠지요.

인생의 행복은 별다른 게 아닙니다. 이처럼 따뜻한 차 한잔의 여유를 아는 삶, 나아가 좋은 사람과 그 시간을 함께 나누는 삶이 바로 행복한 삶이겠지요. 이렇게 사람들과 차를 나누는 일의 사회적 의미에 대해 말하는 책도 있는데, 바로 인류학자 김현경의 『사람, 장소, 환대』입니다.

환대란 타자에게 자리를 주는 것 또는 그의 자리를 인정하는 것, 그가 편안하게 '사람'을 연기할 수 있도록 돕는 것, 그리하여 그를 다시 한번 '사람'으로 만들어주는 것이다. 사람이 된다는 것은 사회 안에 자리를 갖는다는 것 외에 다른 게 아니기 때문이다. 사람을 연기하려면 최소한의 무대장치와 소품이 필요하다. 이를테면 누군가를 초대할 수 있는 공간, 갈아입을 옷, 찻주전자와 차를 살 돈 같은 것 말이다. 그러므로 환대는 자원의 재분배를 포함하기 마련이다.

이 책은 인간이라면 누구나 가지고 있는 존엄성이 서로에게 사람대접을 할 때 생겨난다고 말합니다. 단지 법전에 쓰인 관념적이고 상투적인 문구가 아니라는 거죠. 모든 인간이 존엄하다고 말할 수 있으려면 실제로 그렇게 되도록 기본적인 의식주뿐만 아니라 찻주전자를 사고 다른 사람을 초대해 차한잔을 나누는 '인간적인 행위'를 할 수 있도록 사회가 보장해야 한다고 말하고 있습니다. 이처럼 우리가 환대를 받고 환대를 할 수 있는 사회일 때에야, 비로소 인간의 존엄성을 말할 수 있다는 메시지가 마음속 깊이 다가왔습니다.

다시 『마음사전』의 이야기로 돌아가면, 김소연 시인은 이 책을 쓰기 위해 백 개기 넘는 낱말들을 모아 수첩에 적었다고 합니다. 미세한 차이를 지닌 낱말까지 다 적으니 무려 천 가지가 넘었다고 하는데, 마음을 표현하는 말이 이렇게나 많다는 데 놀랐습니다. 저는 이 책을 읽으며 모두가 각자의 마음사전을 써보는 건 어떨까 하는 생각을 했습니다. 거기에는 힘들고 괴로운 마음도 담기겠지요. 각자의 마음사전을 정리하면서 자기 마음을 정확히 알고 단단하게 만드는 훈련을 해보는 거죠. 따뜻한 차 한잔을 곁들이면서요.

하루하루 정신없고 마음에 여유가 없을수록 이런 마음 훈련은 더더욱 필요합니다. 정말 바쁠 때도 있겠지만 매일 바쁘기만 하다면 문제가 있는 거죠. 불필요한 일을 너무 많이 신경 쓰고 있을 수도 있고요. 그런 일은 아예 신경을 꺼버리는 것도 좋은 마음 훈련 방법 중 하나입니다. 바로 마크 맨슨이 『신경 끄기의 기술』에서 추천하는 것처럼 말이지요.

문제를 피하거나 아무런 문제가 없는 척하면 불행해진다. 해결 못 할 문제가 있다고 생각해도 역시 불행해진다. 중요한 건 처음부터 문제 밖에 자리하는 게 아니라 문제를 해결하는 거다. 행복하려면 우리는 뭔가를 해결해야 한다. 그러므로 행복은 일종의 행동이며 활동이다. 행복은 가만히 있으면 주어지는 것이 아니다.

맨슨은 우리가 좀 더 편하고 행복하게 살기 위해서는 쓸데없는 걱정을 줄이고 꼭 필요한 걱정만 해야 한다고 말합니다. 불필요한 걱정이 많아지면 꼭 필요한 걱정을 못 하게 됩니다. 정작 중요한 문제를 해결할 수 없게 되는 거죠. 그렇게 외면해버린 걱정거리는 나중에 눈덩이처럼 불어나서 다시 돌아오더라고요. 이 책은 우리가 모든 일에 신경을 꺼야 한다고 말하는 게 아니라, 꼭 필요한 일에만 신경을 써야 한다는 점을 잘 말해줍니다.

저 역시 『하는 일마다 잘되리라』에서 비슷한 이야기를 한

적이 있습니다. 행복은 가만히 주어지는 것이 아니라 제대로
된 연습과 실천을 통해 누릴 수 있는 것이라고 말이지요. 가
족이 행복해지기 위해서는 배려와 사랑이 필요하고, 틀어진
친구 관계를 회복하기 위해서는 오해와 갈등을 풀어야 하며,
우리가 보다 행복하기 위해서는 엉뚱한 문제를 풀고 있거나
직면한 문제를 회피해서는 안 되고 적극적으로 부딪쳐서 해
결해야 합니다.

처음에 가끔씩 모든 걸 내팽개치고 훌쩍 떠나고 싶은 기분
이 든다는 이야기를 했습니다. 차를 마시는 시간은, 다시 말
해 인생에서 정말 중요한 게 뭔지 분명히 알아가는 시간입니
다. 신경 꺼도 되는 일에 신경 쓰느라 정작 중요한 걸 놓치고
있거나 외면하고 있다면, 결코 행복할 수 없으니까요.

그렇다면 신경을 써야 되는 일과 신경을 꺼도 되는 일은 어
떻게 구분할까요? 심리치료사 크리스텔 프티콜랭의 『나는 생
각이 너무 많아』는 우리가 편하고 행복하게 살고 싶다면 가
장 먼저 자기 자신을 돌보고 사랑하라고 말합니다.

자기 사랑이 가장 먼저다. 자존감의 중심에는 무조건적인 자
기 사랑이 있다. 자기애는 자존감의 가장 뿌리 깊은 토대다. 사
람은 자기에 대한 사랑으로 인생의 모든 시련을 버텨낸다.

내 문제가 아닌 다른 문제로 생각이 너무 많거나, 신경 쓰지 않아도 될 일에 여유를 뺏겨 정작 자신을 돌보지 못한다면 삶은 불행해집니다. 행복과 불행은 결국 스스로 만드는 것입니다. 내면에 있는 아이를 어루만지고 토닥이며 사랑해주세요. 그래야 우리는 어떤 시련에도 흔들리지 않는 단단한 힘을 기를 수 있습니다. 인생의 행복과 불행은 결국 내 마음이 결정하는 거니까요.

우리 차 한잔할까요.
세상의 추위에 차갑게 얼어붙은 당신에게
마음을 담아 따뜻한 차 한잔 드리겠습니다.

비록 모든 걱정을 털어낼 순 없겠지만
그 차 한잔으로 작은 여유와 행복을 찾기를,
그래서 세상을 다시 씩씩하게 살아갈
용기를 찾기를.

당신의 이야기에
취하는 밤

왠지 술 한잔이 부쩍 당기는 밤입니다. 마음속에 쌓인 응어리를 씻어내고 싶을 수도 있고, 추적추적 내리는 빗소리나 붉게 물들어가는 노을빛에 끌렸을 수도 있지요. 그냥 즐겁고 행복해서, 또는 슬프거나 마음이 허전해서일 수도 있습니다. 아니면 그냥 술 한잔이 그리울 수도 있지요.

마음을 알아줄 이가 곁에 없어도, 그저 술이 친구가 되는 날. 술은 말없이 마음 깊은 곳까지 흘러들어와 영혼을 어루만져줍니다. 우리를 비틀거리게 만드는 술이, 때로는 비틀거리는 삶을 바로잡아준다는 건 굉장히 역설적이죠. 방황하던 젊은 날, 저는 시 한 편과 술잔을 놓고 참 많이도 울고 많이도 위로를 받았습니다.

울지 말게

다들 그렇게 살아가고 있어

날마다 어둠 아래 누워 뒤척이다, 아침이 오면

개똥 같은 희망 하나 가슴에 품고

다시 문을 나서지

바람이 차다고, 고단한 잠에서 아직 깨지 않았다고

집으로 되돌아오는 사람이 있을까

산다는 건, 참 만만치 않은 거라네

아차 하는 사이에 몸도 마음도 망가지기 십상이지

화투판 끗발처럼, 어쩌다 좋은 날도 있긴 하겠지만

그거야 그때뿐이지

어느 날 큰비가 올지, 그 비에

뭐가 무너지고 뭐가 떠내려갈지 누가 알겠나

그래도 세상은 꿈꾸는 이들의 것이지

개똥 같은 희망이라도

하나 품고 사는 건 행복한 거야

아무것도 기다리지 않고 사는 삶은

얼마나 불쌍한가

자, 한잔 들게나

되는 게 없다고

이놈의 세상 되는 게 좆도 없다고

술에 코 박고 우는 친구야

백창우 시인의 「술 한잔 했다고 하는 이야기가 아닐세」라는 시입니다. 다소 격한 표현도 있지만 많은 분이 깊이 공감하리라 생각합니다. 저 역시 이 시와 함께 술 한잔 기울인 적이 많았습니다. 정말 많은 위로를 받았죠. 이 시를 주변에 소개할 때마다 "오늘은 술 한잔해야겠다"라는 대답을 참 많이 들었습니다. 그래서 이 시를 읽으면 누군가와 내가 느끼는 감정을 함께 나눌 수 있다는 생각에, 다들 어딘가 불안한 하루하루를 살아가고 있고 서로 다른 듯 보여도 비슷한 아픔을 겪고 있다는 생각에, 헛헛한 마음이 조금은 위로가 되더군요. 비록 세상일이 뜻대로 되지 않더라도 누군가와 술 한잔 같이 기울이고 시 한 편 나눌 수 있다면 얼마든지 버틸 수 있을 것 같으니까요.

혹시 좋아하는 술이 따로 있으신가요? 저는 소주를 가장 좋아하는데요. 다른 술에 비해 저렴하기도 하고 어디서나 구할 수 있는 흔한 술이라 친근하기 때문입니다. 어느 자리에서든 편하게 마실 수 있고 술잔도 아담해서 부담이 없습니다. 건배를 하고 단숨에 잔을 비워내면, 몸이 따뜻해지면서 왠지 서로의 온기까지 나눈 기분마저 들죠. 그리고 무엇보다

소주잔에는 다양한 추억들이 담겨 있습니다. 작은 잔을 들면, 그 너머로 환하게 웃던 사랑하는 사람들의 모습이 아른거리지요.

이렇게 얘기하고 보니 제가 대단한 술꾼처럼 느껴지는데, 그렇지는 않습니다. 그러고 보니 예술가 중에서는 술을 사랑한 이들이 꽤 많았네요. 대표적으로 한 사람만 꼽자면 19세기 프랑스 상징주의 시인 보들레르를 들 수 있습니다. 그는 『악의 꽃』이라는 문제적 시집으로 당대는 물론 오늘날까지 큰 명성을 떨치고 있는데요. 대표시 「상승」의 한 구절은 1977년 우주 탐사를 위해 발사된 보이저 호의 골든 레코드에 실려 지금도 우주를 여행하고 있습니다.

그의 시는 스스로 세상 모든 고통을 담아놓은 사전이라고 부를 만큼, 만만하게 읽히지는 않는데요. 유독 제 마음에 크게 와닿은 시가 한 편 있습니다. 바로 「취하라」입니다. 보들레르가 세상을 떠나고 2년 뒤에 발표된 『파리의 우울』이라는 산문시집에 실린 작품이죠. 우리나라에서는 큰 인기를 얻었던 드라마 〈미생〉에서 주인공 장그래의 내레이션으로 소개돼 알려지기도 했습니다.

항상 취해 있어야 한다.
모든 것이 거기 있으며, 이것이야말로 본질적인 문제다.

어깨를 짓누르고, 허리를 구부리게 하는 시간이란 신의 두려운 짐을 느끼지 않으려면, 계속 취해 있어야 한다.

그렇다면 무엇에 취할 것인가?

술이든 시든 미덕이든, 그대 마음이 가는 대로.

다만 계속 취하라.

그러다 종종 궁전 계단에서,

개울가의 푸른 풀밭에서,

그대의 방 안 적막한 고독 속에서,

그대가 깨어나 취기가 줄어들거나 사라지거든,

물어보라,

바람에, 물결에, 별에, 새에, 시계에, 지나가는 모든 것에, 울부짖는 모든 것에, 흘러가는 모든 것에, 노래하는 모든 것에, 말하는 모든 것에, 지금이 몇 시인지 물어보라.

그러면 바람이, 물결이, 별이, 새가, 시계가, 그대에게 대답하리라.

"지금은 취할 시간이다! 시간에 학대받는 노예가 되고 싶지 않거든 취하라, 항상 취해 있으라! 술이든 시든 미덕이든, 그대 마음이 내키는 대로."

언제나 취해 있으라는 말은 단지 신체적인 것만 뜻하는 게 아닙니다. 시인은 술이든 시든 미덕이든 무엇이든 마음 내키는 대로 취해 있으라고 말하니까요. 인간이 지닌 육신이라는 신체적 한계를 뛰어넘길 바랐던 보들레르는 술을 매개로 한 인간의 정신적 고양을 추구한 거죠. 단지 내 한 몸의 안녕과 편안함만 추구하는 것이 아니라, 바람에, 물결에, 별에, 흘러가는 모든 것에, 노래하는 모든 것에, 그야말로 우리를 둘러싼 모든 것에 열정을 다하고 최선을 다하라고 외치고 있는 것입니다.

보들레르만큼은 아니더라도 누구나 적당히 술을 마셨을 때 느낄 수 있는 행복이 있습니다. 지치고 뻔한 일상에서 조금이나마 벗어난 기분이 들면서 감정에 더 솔직해지고 세상도 더 아름답게 보이는 거죠. 무엇보다 함께 술잔을 기울이는 사람과 마음을 나누고 시간을 나누는 행복을 저는 너무 좋아합니다. 그런 기분으로 쓴 시가 바로 『나에게 고맙다』에 실린 「술 한잔」입니다.

이보게,
오늘은 술 한잔 걸쳐야겠네.
하루살이 같은 우리 인생이지만,
하루 살기도 나는 참 힘들었다네.
내 이야기 들어주며 함께해주겠나.

이보게,

오늘은 얼큰히 취해야겠네.

바쁜 세상에 빠져 허우적대다

가까스로 땅을 밟고 서 있다네.

힘든 일에 취해 비틀거리기보다

낭만에 취해 이 땅 위에 서 있고 싶네.

내 속마음 들어주며 함께해주겠나.

이보게,

오늘은 그대 마음을 적셔야겠네.

힘든 사람이 나뿐만이 아니지 않은가.

그대의 마음을 진실로 바라보며

정성 어린 한잔 따라주고 싶네.

내 진심이 그대에게 전달되었는가.

오늘은 술 한잔 걸쳐야겠네.

혹시 지금 힘겨운 시간을 겪어내고 있다면, 당신에게 술 한
잔 건네고 싶습니다. 당신이 느끼고 있을 처절한 외로움, 감
내하기 힘든 슬픔, 가슴속 깊이 파고드는 그리움 같은 감정들
을 이 술잔에 모두 담아 비워내시기를. 그렇게 서로의 삶을

술잔에 담아 나눠 마실 때, 우리는 술에 취하는 것이 아니라
서로의 삶과 그 이야기들에 취하게 되겠지요.

2부

한 걸음 한걸음
씩씩하게 걸어나가길

_ 나의 시간을 살피다

자꾸
마음 쓰이는 계절

　코끝에 닿는 서늘한 새벽 공기에 문득 계절을 느껴본 적이 있나요? 보통 계절의 한복판보다는 계절의 끄트머리에서 우리의 감각은 더 생생해지죠. 거리를 하나둘 물들이는 봄꽃의 빛깔에서, 한껏 베어 문 시원한 수박의 달콤함에서, 선선한 바람과 함께 들려오는 풀벌레 소리에서, 어느덧 우리 곁에 성큼 다가온 계절의 기운을 온몸으로 느끼게 됩니다.

　그럴 때마다 저는 우리 삶의 계절을 생각합니다. 봄, 여름, 가을, 겨울 그리고 다시 봄. 사계절처럼 인생이 순서대로 바뀌는 건 아니지만, 우리도 모르게 찾아온 새로운 계절은 감정의 온도 변화를 불러일으키지요. 때로는 따뜻한 설렘 속에서, 때로는 차갑고 쓸쓸한 감정 속에서 우리는 묵묵히 바쁜 일상을 살아갑니다.

당신이 가장 좋아하는 계절은 무엇인가요? 혹시 봄이나 가을을 탄다던지, 계절에 따라 마음이 달라지기도 하나요?

어쩌면 너는 네 인생에 이미 많은 일들이 일어난 거라고 생각하지.

아직 여름이 한창이지만 너의 마음은 여태 겪어본 적 없는 가을의 언저리를 떠돌기도 하고, 한겨울의 거리에 내몰린 기분이 된 적도 있었을 거야. 뼛속으로 파고드는 추위를 잊기 위해 일부러 큰 소리로 웃거나 소리를 지르는 너를 본 사람도 아마 한두 명쯤은 있었겠지.

어쩌면 너는 너무 많은 것들이 너무 자주 변한다는 생각과, 또 어떤 것들은 생이 끝날 때까지 결코 변하지 않을 것 같다는 생각에 사로잡혀, 절망이라는 벼랑에 서서 무구하고 잔인한 바다를 내려다보았을지도 몰라.

그러나 단 하나 버릴 수 없는 것이 있어, 조금만 더 걸어보자고 조금만 더 움직여보자고, 스스로를 부추기며 한숨 같은 심호흡을 몇 번이나 반복했을 거야.

황경신 작가의 에세이 『밤 열한 시』에 실린 문장입니다. 우리가 살면서 경험하는 여러 감정의 변화를 사계절에 빗대 표현한 문장이죠. 가만히 소리 내어 읽고 있으면 왠지 모르게 쓸쓸하면서 애틋한 감정이 고개를 듭니다.

우리는 살아가면서 참 많은 일을 겪습니다. 단단히 준비한다고 해도 언제나 아무런 예고도 없이 예상을 뛰어넘는 일들이 들이닥치죠. 뜻밖의 일에 그저 헛웃음만 나는 날도 많습니다. 처음에는 그럭저럭 대처하고 수습하며 넘어가기도 하지만, 비슷한 일이 반복되면 몸도 마음도 지쳐 무감각해집니다. 마치 앙상하게 가지만 남은 잿빛 풍경의 겨울처럼 말이지요.

겨울은 사실 크게 환영받는 계절은 아닙니다. 저만 해도 겨울의 냉기나 적막감은 좋아하지 않거든요. 추위를 워낙 많이 타는 체질이라 온종일 몸을 움츠리고 다니다 보면 괜히 울적한 기분이 들기도 하고요. 대신 겨울은 자꾸만 마음이 쓰이는 계절입니다. 봄, 여름, 가을과는 확실히 다른 독보적인 느낌이 있어요. 싫은 구석이 더 많지만, 역설적으로 그래서 더욱 사소한 장점들이 애틋하고 소중하게 느껴진다고 할까요.

한겨울에 더 좋아지는 것이 있습니다. 예를 들어 제 경우엔, 일과를 마친 뒤 집으로 돌아와 따뜻한 욕조 물에 몸을 담그는 일이 그렇죠. 한껏 움츠리고 다니느라 잔뜩 굳은 온몸의 근육이 조금씩 풀려 나른해질 때면, 어느새 하루 동안 쌓인 괴로움, 슬픔, 걱정, 외로움 같은 안 좋은 감정이 모두 씻겨 나가니까요. 날이 추우면 추울수록, 퇴근 후에 맞이할 그 시간을 생각하며 하루를 든든하게 보낼 수 있습니다.

제가 살아오면서 가장 소중하게 생각하는 어느 날의 기억도 매서운 칼바람이 몰아치던 겨울날에 일어났습니다. 그날 저는 동네 친구들과 술 한잔하면서 시간 가는 줄도 모르고 있었는데, 문득 진동을 느껴 주머니에서 휴대폰을 꺼냈습니다. 그제야 생각보다 꽤 늦은 시간이 됐고, 부재중 전화도 몇 통이나 찍혀 있다는 사실을 깨달았습니다. 엄마였습니다.

"엄마, 나 집에 거의 다 왔어. 먼저 주무세요."

말은 이렇게 했지만, 전화를 끊자마자 다시 친구들과의 수다에 열중했지요. 그런데 30분 정도 흘렀을까요. 또다시 엄마의 전화가 걸려왔습니다.

"승환아, 어디냐. 다 와 간다며. 엄마 밖에서 기다리고 있는데."

이 추운 날 굳이 밖에서 절 기다린다는 엄마의 말에 갑자기 화가 났습니다.

"아니, 엄마, 왜 밖에서 기다려요. 오늘 얼마나 추운데, 내가 언제 갈 줄 알고요."

"다 와 간다며. 같이 팔짱이라도 끼고 들어가려고 했는데, 좀 늦나 보네?"

화를 내기는커녕 다정하기만 한 목소리에 죄송하고 슬픈 마음이 들었습니다. 살을 에는 칼바람을 무릅쓰고 자식을 기다리는 그 마음이 느껴졌지요. 저는 바로 친구들과 헤어져 집으로 갔습니다. 그렇게 집에 도착했을 때, 엄마는 여전히 저를 기다리고 계셨습니다. TV만 켜져 있는 거실에서 졸린 눈 비벼가며 맞아주시는 모습에 가슴이 뭉클해져 다가가 꼭 안아드렸지요.

엄마에 대한 수많은 기억 중에서 왜 유독 그날의 일이 인상 깊게 남아 있는 걸까요? 저는 그 이유를 어느 시를 읽다가 깨닫게 됐습니다.

사랑하는 사람아
우리에게 겨울이 없다면
무엇으로 따뜻한 포옹이 가능하겠느냐
무엇으로 우리 서로 깊어질 수 있겠느냐

이 추운 떨림이 없다면
꽃은 무엇으로 피어나고
무슨 기운으로 향기를 낼 수 있겠느냐
나 언 눈 뜨고 그대를 기다릴 수 있겠느냐

눈보라 치는 겨울밤이 없다면
추위 떠는 자의 시린 마음을 무엇으로 헤아리고
내 언 몸을 녹이는 몇 평의 따뜻한 방을 고마워하고
자기를 벗어버린 희망 하나 커 나올 수 있겠느냐

아아 겨울이 온다
추운 겨울이 온다
떨리는 겨울 사랑이 온다

　박노해 시인의 「겨울 사랑」이라는 시입니다. 이 시에서 겨울은 암울한 시대를 상징하지만, 제게 이 시는 더없이 훌륭한 사랑 시로 느껴집니다. "겨울이 없다면 무엇으로 따뜻한 포옹이 가능하겠느냐"라는 시인의 말은 아무리 매서운 추위 속에서도 우리는 서로의 체온과 마음을 나눌 수 있다는 사랑과 희망의 메시지를 전합니다. 차가운 겨울날이었기에, 엄마의 따스한 마음이 더욱 애틋하고 충만하게 다가왔던 것이지요.
　그렇다면 어쩌면 우리 인생의 겨울에도 의미가 있지 않을까요? 고난을 겪는 힘겨운 시간도 한없이 괴롭기만 한 시간이 아니라, 어떤 순간에도 곁에 남아 있는 작은 온기와 사랑의 소중함을 절실하게 느낄 수 있는 희망의 시간이기도 한 것은 아닐까요?

추사 김정희의 「세한도」라는 그림을 직접 본 적이 있습니다. 처음 봤을 땐 얼핏 너무 단순하다 싶었어요. 단지 앙상한 나무 몇 그루와 초라한 집 한 채만 덩그러니 그려져 있으니까요. 그런데 이 그림이 그려진 배경을 알고 나니 그림이 달리 보이게 되더라고요.

「세한도」를 그릴 당시 김정희는 당쟁에 휘말려 멀리 제주도에 홀로 유배되어 있었습니다. 오랜 유배 생활로 친구들과 연락은 점점 끊겼고, 변함없이 안부를 묻는 건 오직 제자 이상적뿐이었습니다. 그는 역관 출신이어서 중국에 자주 다녀왔는데, 그때마다 귀한 책을 구해 편지와 함께 스승에게 부쳤습니다. 자신의 출세나 부귀영화를 위해 쓸 수도 있는 귀한 물건을 유배된 채 세상에서 잊힌 옛 스승을 위해 보낸 것입니다.

이상적의 편지와 선물을 받으며, 김정희는 제주의 매서운 바닷바람도 물리치는 뭉근한 온기를 느꼈습니다. 그리고 변함없는 그의 모습을 생각하며 『논어』 「자한」 편의 한 구절을 떠올렸습니다.

날씨가 추워진 뒤에야 소나무와 잣나무가 뒤늦게 시듦을 안다.

「세한도」는 바로 소나무와 잣나무처럼 변함없이 자신을 대해준 이상적에게 건네는, 가진 것이라고는 종이와 붓 한 자루

뿐인 김정희의 진심이었던 것입니다. 그림의 오른쪽 하단에
는 '장부상망長毋相忘'이라 쓰인 도장이 찍혀 있는데, 바로 "오
래도록 잊지 말자"라는 뜻입니다. 인생의 춥고 시린 겨울 같
은 나날에도 변함없는 모습으로 곁에 있어준 이상적에 대한
김정희의 마음, 그 따스한 온기가 느껴집니다.

어쩌면 김정희는 유배 생활이라는 열악한 상황에 놓여 있
었기에 이상적의 변함없는 마음을 더 절실히 느끼고 소중하
게 여길 수 있게 됐는지도 모릅니다. 혹독한 겨울이 있기에
사랑하는 사람과 손을 맞잡고 체온을 나누는 일의 소중함을
느낄 수 있는 것처럼 말이지요.

희망은 인생에서 중요한 역할을 하는 진정한 힘이다. 희망은
미래의 빛을 현재로 비춘다. 그리고 우리에게 걸어갈 만한 길을
보여준다. 희망을 이득에 대한 기대와 혼동해서는 안 된다. 희망
은 미래가 아니라 벌써 현재에 효력을 펼치기 때문이다.

독일의 철학자 나탈리 크납은『불확실한 날들의 철학』이라
는 책에서 희망에 대해 이렇게 말합니다. 분명히 우리 인생
앞에는 늘 좋은 일만 있지 않습니다. 오히려 반대인 경우가
더 많지요.

하지만 어떤 어려운 상황에서도 작은 사랑과 희망의 씨앗

을 찾았으면 좋겠습니다. 우리 곁에 있는 작지만 따스한 온기를 발견해 한겨울의 매서운 추위를 잘 견뎌내다 보면, 언젠가 슬그머니 다시 찾아온 따스한 봄날과 마주하게 될 테니까요.

목적 없이
걷고 싶은 하루

선선한 바람이 얼굴에 기분 좋게 닿습니다. 조금 느껴지던 쌀쌀함도 걷다 보면 이내 사라지죠. 지나가는 사람들의 모습도, 푸른 하늘과 흰 구름도 아름답게 느껴집니다. 이렇게 한 걸음 한 걸음 주변 풍경을 바라보며 내디딜 때면 왠지 생기가 돌고 기분이 좋아집니다. 누군가와 함께 걸어도 좋고 혼자 걸어도 좋지요. 여행지를 걷는 것도 좋고 집 주변을 걷는 것도 즐거운 일입니다. 별다른 목적이 없어도 말이지요.

혹시 산책을 좋아하나요? 저는 산책을 무척 좋아해서 지금도 시간이 빌 때마다 집 주변을 거닐고는 합니다. 심지어 서점에서도 산책과 관련된 책이 있으면 괜히 펼쳐 보게 되고, 좋은 문장이 있으면 수첩에 적어두기도 하지요.

어느 날인가 시집을 뒤적이다 조병화 시인의 「산책」이라는 작품을 마주하게 됐습니다. 제목부터 마음에 들었는데, 역시나 빠져들게 됐죠. 가만히 감상하고 있으면 그립고 애틋한 누군가가 생각나고, 그 사람과 함께 걷고 싶은 기분이 드는 시였거든요.

참으로 당신과 함께 걷고 싶은 길이었습니다
참으로 당신과 함께 앉고 싶은 잔디였습니다
당신과 함께 걷다 앉았다 하고 싶은
나무 골목길 분수의 잔디
노란 밀감 나무 아래 빈 벤치들이었습니다
참으로 당신과 함께 누워 있고 싶은 남국의 꽃밭
마냥 세워 푸르기만 한 꽃밭
내 마음은 솔개미처럼 양명산 중턱
따스한 하늘에 걸려 날개질 치며
만나다 헤어질 그 사람들이 또 그리워 들었습니다
참으로 당신과 함께 영 걷고 싶은 길이었습니다
당신과 함께 영 앉아 있고 싶은 잔디였습니다

그런데 이 시를 읽다 보니 한 사람의 얼굴이 떠오르더군요. 대학생 때 친구로, 저만큼 산책을 좋아하고 문학을 좋아하던 친구였습니다. 오랜만에 연락해서 약속을 잡았죠. 그렇게 만나 이런저런 이야기를 나누며 식사를 한 뒤, 커피나 마시러 가자는 제 말에 그 친구는 씩 웃으며 이렇게 말했습니다.

"산책이란 시 덕분에 만났으니까 오랜만에 산책이나 좀 하자."

대학생 시절에는 종종 함께 산책을 하곤 했지만, 졸업하고 직장인이 된 뒤로는 좀처럼 시간이 나지 않았습니다. 비단 그 친구뿐 아니라 다른 누구와도 함께 산책할 일은 그리 많지 않았죠. 보통 사람을 만나면 회의실이든 음식점이든 카페든, 실내 공간을 찾게 되니까요. 그런데 그런 한정된 공간에서 이야기를 하다 보면, 어느 순간 말문이 막히는 지점이 옵니다. 아무리 대화가 잘 통하고 다양한 주제로 이야기를 잘 나눴더라도 말이죠. 하지만 그날 친구와 함께 걸으며 대화한 내용은 뭔가 달랐습니다.

"오랜만에 걸으니까 좋네. 승환아, 이렇게 걸으면 뭐가 좋은지 알아?"

"뭐, 건강도 좋아지고, 날씨가 좋을 땐 기분도 좋아지고 그렇지."

"그것도 있는데, 제일 좋은 건 계속해서 즐겁게 이야기를 나눌 수 있다는 거야. 걸으면서 달라지는 풍경들로 이야깃거리가 풍성해지는 거지."

정말 그랬습니다. 그날 저는 친구와 많은 대화를 나눴어요. 지나가는 자동차부터 가로수 이름, 앞에 보이는 가게에는 왜 저렇게 사람이 북적이는지 같은 온갖 시시콜콜한 말과 앞으로 어떻게 살아갈지에 대한 진지한 고민까지 정말 다양한 이야기를 했죠. 산책에 매력적인 힘이 있다는 걸 새삼스레 깨달은 날이었습니다.

이처럼 누군가와 함께 걷는 것도 좋지만, 때로는 혼자 걷는 것도 큰 힘이 됩니다. 18세기 프랑스의 철학자 장 자크 루소는 산책자로도 굉장히 유명했습니다. 특히 파리 교외를 혼자 걷는 걸 좋아했다고 하죠. 당대에도 이름이 잘 알려진 그였지만, 사실 일생은 불행의 연속이었습니다. 가난한 시계공의 아들로 태어나 힘겨운 유년기를 보내야 했고, 편견에 시달리며 많은 사람과 갈등을 겪었습니다. 종교계를 비판한 일로 세상의 비난을 받고 쫓겨 다니기도 했습니다. 이렇게 고통을 겪던 그가 말년에 자신의 솔직한 심정을 담아 쓴 마지막 작품이자 미완성 작품이 바로 『고독한 산책자의 몽상』입니다.

이 고독과 명상의 시간이야말로 하루 중에 내 마음이 흐트러지거나 방해받는 일 없이 온전히 나 자신이 되고 나 자신에게 집중하는 유일한 시간이다. 또 내가 자연이 바랐던 대로 존재한다고 진심으로 말할 수 있는 유일한 시간이기도 하다.

루소는 자신의 지친 마음을 위로해준 것이 산책을 통한 고독과 명상의 시간이었다고 말합니다. 우리는 살아가면서 수많은 어려움에 부딪히고 편견에 시달리기도 합니다. 이때 가장 필요한 것이 타인의 시선에 휘둘리지 않고 자신을 사랑하면서 세상에 의연하게 대처하는 태도지만, 사실 그런 태도를 갖는 건 말처럼 쉽지 않습니다.

다른 사람의 시선에 휘둘리지 않는 단단한 삶의 태도를 만드는 데에는 많은 연습이 필요합니다. 온전히 나 자신에게 집중할 수 있는 산책보다 좋은 연습이 있을까요? 한 걸음씩 천천히 내딛다 보면, 어느새 집중이 되면서 나만 지니고 있는 고유의 가치를 찾을 수 있으니까요.

산책은 그 자체로 삶에 활기를 불어넣는 효과도 있습니다. 루소뿐 아니라 수많은 철학자와 예술가가 산책을 즐긴 이유죠. 철학자 칸트는 시계보다 더 규칙적으로 생활한 것으로 유명한데, 사람들이 그가 산책하며 지나가는 걸 보고 시간을 알 정도였다고 합니다. 또한 독일 하이델베르크에는 괴테, 헤겔,

하이데거 등이 즐겨 걸었던 산책로인 '철학자의 길'도 있습니다. '음악의 성인'이라 불리는 베토벤은 경쾌한 시골길을 걷는 느낌을 담아 「전원 교향곡」을 썼고, 시인 보들레르와 랭보, 철학자 발터 베냐민도 산책자로 유명했습니다. 철학자 니체는 "생각은 걷는 사람의 발끝에서 나온다"라고까지 말할 정도로 산책을 사랑했지요.

사실 이런 일화가 아니더라도 우리가 산책을 해야 하는 이유는 분명합니다. 가장 큰 장점은, 걸을 수만 있다면 누구나 언제 어디서나 할 수 있다는 데 있습니다. 마음만 먹으면 집 앞 골목길도 훌륭한 산책로가 될 수 있죠. 물론 걷는 건 매일 하는 일인데 굳이 또 산책까지 할 필요가 있냐고 생각할 수도 있습니다. 하지만 정해진 목적지가 있어서 걷는 것과 그냥 걷는 산책은 완전히 다릅니다.

모든 걸음에 반드시 목적지가 있어야 할까?
인생도 산책하듯 그냥 걷는 것도 나쁘진 않은 것 같은데

이애경 작가는 에세이 『눈물을 그치는 타이밍』에서 산책이 가진 최고의 매력, 즉 다른 목적이 없다는 특징을 이렇게 표현했습니다. 그렇습니다. 산책에는 다른 목적이 없기에, 목적 없는 그 공간을 온전히 나 자신에게 집중하거나 또는 함께 걷

는 다른 사람과 깊은 대화를 나누는 시간으로 충만하게 채워 넣을 수 있습니다.

만약 매사에 의욕이 없고 무기력하다면, 지금의 삶이 너무 힘들고 괴롭다면, 그런 마음을 달래줄 산책을 통해 삶의 여유를 찾아보면 어떨까요? 혼자도 좋고, 다른 사람과 함께여도 좋습니다. 산책은 가장 손쉽게 할 수 있으면서도 풍부한 깨달음을 주고 삶의 활력소가 되는 인생의 작은 오아시스니까요.

누구에게나 더 이상 꿈꾸던 목표를 이룰 수 없음을 깨닫는 순간이 있죠. 어쩌면 처음부터 뚜렷한 목표가 없을 수도 있고요. 그럴 때 우리는 실망하거나 좌절하기도 하고, 우울한 감정에 사로잡히기도 하지요.

하지만 인생에 늘 목적이 있어야 할까요? 앞선 이애경 작가의 말처럼 인생을 산책하듯 그냥 목적 없이 걸어보는 것도 괜찮지 않을까요? 매 순간 어딘가 목적지를 정하고 거기로만 나아갈 필요는 없습니다. 때로 혼자 유유히 걷기도 하고 또 좋아하는 사람과 두런두런 이야기를 나누기도 하며 천천히 거니는 시간도 충분히 의미가 있습니다.

주위를 둘러볼 여유 없이 앞만 보며 걸어가야 할 때도 물론 있습니다. 가끔은 전속력으로 뛰어야 할 때도 있고요. 그러나 그렇게 뛰어서 목적지에 다다르면 주변 풍경은 전혀 기억에 남지 않습니다. 전력 질주로 목표를 이루는 게 중요한 순간도 있지만, 목적 없이 산책하는 시간도 우리에겐 반드시 필요합니다. 인생은 매번 누가 먼저 빠른 시간 내에 결승점에 도달할지 경쟁하는 달리기 경주가 아니니까요.

매사에 너무 조급해하거나 서두를 필요는 없습니다. 산책을 하듯 천천히 주변 풍경을 음미하는 시간도 우리에겐 필요하지요. 일상의 고민은 잠시 내려두고 사랑하는 이와 함께 걸으며 도란도란 대화를 나누는 시간만큼 우리를 행복하게 만들어주는 건 없습니다. 가끔은 혼자 산책하며 온전히 자기 자신에게 집중하는 시간을 갖는 것도 좋겠지요.

그렇게 내 마음에 귀를 기울이며
한 걸음 한 걸음 씩씩하게 걸어나가길.

그 길 위에서 당신보다 중요한 존재는 없으니
어디로 가든 어떻게 가든
그 모든 걸음을 사랑하기를.

모두가 그렇게 따로 또 같이
오래오래 걸으며 인생이라는 산책로를
잘 걸어가기를.

첫눈처럼
사랑해주세요

우리는 살면서 얼마나 많은 처음을 마주할까요? 괜히 설레기도 하고 두렵기도 한, 조금 특별하게 느껴지는 것이 이 처음이라는 말인데요. 첫 등교, 첫 출근, 첫사랑, 첫 실연, 첫눈, 첫 여행 등 이상하게 이 말만 앞에 붙으면 모든 평범한 단어가 괜히 애틋해집니다.

저도 지금까지 수많은 처음을 경험했는데요. 가장 먼저 생각나는 건 초등학교 시절 처음으로 두발자전거를 타던 날의 기억입니다. 몇 번을 넘어지고 또 넘어지다가, 마침내 시원하게 바람을 가르며 공원을 질주하던 그 순간의 희열이 지금도 생생합니다.

인생의 가장 큰 전환점이 된 처음도 있었죠. 몇 년 전, 회사와 집을 오가는 반복적인 일상에 지치고 미래에 대한 불안으로 힘들 때였습니다. 매일 아침 눈을 뜨는 게 괴로웠고, 밤엔 잠도 잘 오지 않았습니다. 한 달 가까이 그렇게 걱정 많은 나날을 보내다, 어느 날 갑자기 엉뚱한 생각이 들었습니다. 그야말로 '고민과 걱정의 아이콘'이라 할 수 있는『햄릿』을 꺼내 읽으면 해결법을 찾을 수 있지 않을까 하는 생각을 한 거죠. 그렇게 밤마다『햄릿』의 책장을 넘기다 이 문장을 만나게 됐습니다.

마음속에 있는 것을 함부로 입 밖에 털어놓지 마라. 엉뚱한 생각을 언동에 옮기지 마라. 친구는 사귀되, 절대 가깝게 대하지 마라. 일단 친구를 사귀어서 진정한 우정이 보이면 쇠사슬로 자기 마음에 꽁꽁 묶어둬라. 그렇다고 머리에 피도 안 마른 풋병아리들과 악수하느라 손바닥 감각만 잃게 하는 그런 일은 말아라. (……) 무엇보다 자기 자신에게 충실해라. 그렇게 되면 밤이 낮을 따르듯 기필코 너 자신도 남에게 성실해질 것이다.

폴로니어스가 자기 아들에게 해준 조언인데, 저에게는 "무엇보다 자기 자신에게 충실해라"라는 문장이 크게 와닿았습니다. 제가 정말로 바라는 게 뭔지 차분히 살펴보게 됐죠. 그것은 바로 사람들에게 공감과 위로를 줄 수 있는 글을 쓰는 일이었습니다. 책과 문장을 통해 혼자서는 극복하기 힘든 어려움을 겪는 이들에게 용기를 주고 싶었어요. 바로 제가 독서를 통해 경험했던 것처럼 말입니다. 이후 저는 용기를 내서, 첫 책『나에게 고맙다』를 쓰게 됐습니다.

한없이 기쁘고 즐거웠던 처음도 있습니다. 바로 사랑하는 사람을 처음 만난 순간입니다. 추적추적 비가 내리던 어느 날 저녁이었습니다. 친구가 정말 괜찮은 사람이라며 소개해준 분과 지하철역 앞에서 처음 만나기로 약속한 날이었지요. 멀리서 파란 원피스를 입고 흰 우산을 쓴 누군가가 걸어오는데, 이상하게 얼굴을 보기 전부터 제가 꼭 만나야 할 사람이라는 확신이 들었습니다. 수줍게 첫인사를 건네고 저녁을 먹을 장소로 옮기려고 하는데, 이상하게 우산을 함께 쓰고 싶더군요. 저도 가방 안에 뻔히 우산이 있었는데도 말이지요.

"제가 우산이 없어서 그런데, 같이 쓰고 가도 될까요?"
"네, 그래요."
갑작스러운 제 말에, 그분은 살짝 놀라면서도 웃으며 승낙해주었지요. 그렇게 우산을 같이 쓰고 레스토랑까지 빗속을 거닐었습니다. 두근거렸던 그때의 설렘은 지금도 잊히질 않습니다. 빗소리와 자동차 소리마저 낭만적으로 들렸지요. 그날 저와 그분은 레스토랑에서 술집으로 자리를 옮기며 오랫동안 이야기를 나누었습니다. 지금 저와 그분은 어떻게 됐을까요?

사람들은 왜 첫눈이 오면 그렇게들 기뻐하는 것일까. 왜 첫눈이 오는 날 누군가를 만나고 싶어하는 것일까. 도대체 왜 그런 것일까. 아마 그건 서로 사랑하는 사람들만이 첫눈이 오기를 기다리기 때문일 것이다. 첫눈과 같은 세상이 두 사람 사이에 늘 도래하기를 희망하기 때문일 것이다.

정호승 시인의 에세이 『첫눈 오는 날 만나자』의 한 부분입니다. 첫눈에 대한 애틋한 감정을 아름답게 표현하고 있죠. 눈은 거의 매년 내리지만, 그럼에도 우리는 늘 첫눈의 아름다움에 대해 이야기합니다. 첫눈 오는 날 만나자고 약속하는 사람들 때문에 첫눈이라는 말에 애틋한 의미가 더해지는 거죠. 따라서 우리는 첫눈을 애틋하게 기다리게끔 만드는 지금 우리 곁의 소중한 사람을 아껴야 합니다.

사랑하는 사람이 있다면 첫눈처럼 사랑해주세요. 우리는 유독 첫사랑이라는 말에 큰 의미를 부여하곤 하는데, 사실 사랑을 두고 처음이냐 두 번째냐 세 번째냐 숫자를 세며 가치를 판단하는 건 어리석은 행동입니다. 사랑하는 연인에게 중요한 처음은 오직 서로가 처음 만나 사랑에 빠진 그 순간이니까요. 사랑하는 사람이 있고 그와 함께 매년 첫눈을 기다릴 수 있다는 건 얼마나 큰 축복일까요.

매일 아침 눈을 뜨는 순간, 그때부터 우리는 새로운 오늘을 마주하게 됩니다. 사랑하는 사람을 만날 수도 있고, 좋아하는 일과 행복한 일로 하루를 채울 수 있는 시간이죠. 사실 우리 모두가 단 한 번뿐인 인생을 산다는 점, 태어나서 죽을 때까지 삶의 모든 순간이 처음이라는 점을 생각하면, 우리 앞에 놓인 모든 순간이 의미 있고 사랑할 가치가 있다고 말할 수 있겠네요. 마지막으로 이해인 수녀님의 「시간의 선물」이라는 시를 통해 시작하는 순간의 소중함에 대해 다시 한번 느껴보면 좋겠습니다.

내가 살아 있기에
새롭게 만나는 시간의 얼굴
오늘도 나와 함께 일어나
초록빛 새 옷을 입고
활짝 웃고 있네요
하루를 시작하며
세수하는 나의 얼굴 위에도

아침 인사를 나누는

식구들의 목소리에도

길을 나서는

나의 신발 위에도

시간은 가만히 앉아

어서 사랑하라고

나를 재촉하네요

살아서 나를 따라오는 시간들이

이렇게 가슴 뛰는 선물임을 몰랐네요

당신의 모든 첫 시작의 순간들이 찬란히 빛나기를.

사랑을 나누고 삶의 기쁨을 누릴 수 있는

새로운 인생이기를.

아픔을 극복하고 절망을 이겨내는

한 줄기의 희망이기를.

그리하여 처음, 그 시작이

늘 가슴 뛰는 선물이 되기를.

당신의 사소한 일상이
궁금해서

오늘 아침 출퇴근길이나 등하굣길의 풍경을 기억하시나요? 구름의 모양은 어땠는지, 지나가는 사람들의 표정은 어땠는지, 생각나시나요? 아마 대부분 대답하기 어려우실 겁니다. 우리는 이처럼 사소한 것들을 쉽게 지나치며 살아갑니다. 매일 너무 치열하게 앞만 보며 달리느라 놓쳐버리는 것이지요.

저 역시 바쁘다는 핑계로, 나중에 좀 더 편하게 살기 위해서란 핑계로, 작지만 소중한 행복을 놓치고 살았던 때가 있습니다. 작은 행운에 감사하는 마음을 잊고 지냈고, 일상에서 저를 아끼고 배려해준 이들에게 관심을 둘 여유도 갖지 못했죠. 하지만 주변의 소중한 사람들과 소소한 행복조차 느끼지 못한다면, 아무리 큰 목표를 이룰 수 있다고 해도 무슨 소용이 있을까요? 결국 인생이란 사소한 일상이 모여 이뤄지는 것이니, 하루하루가 행복하지 않다면 인생도 행복할 리 없는데 말이지요.

사실 행복은 그리 대단할 필요가 없다는 걸 이제는 잘 알 것 같습니다. 장기적인 목표를 세우고 이루는 일도 중요하지만, 현재를 소홀히 해서도 안 됩니다. 하루를 열심히 보낸 뒤에는 일상에 지치지 않도록 작지만 소중한 행복을 찾아서 충전을 해야 합니다. 그건 정말 별게 아닙니다. 어떤 땐 차 한 잔, 과자 한 조각이 지친 하루를 달래주기도 하니까요.

나는 마들렌 조각이 녹아든 홍차 한 숟가락을 기계적으로 입술로 가져갔다. 그런데 과자 조각이 섞인 홍차 한 모금이 내 입천장에 닿는 순간, 나는 깜짝 놀라 내 몸속에서 뭔가 특별한 일이 일어나고 있다는 사실에 주목했다. 이유를 알 수 없는 어떤 감미로운 기쁨이 나를 사로잡으며 고립시켰다. 이 기쁨은 마치 사랑이 그러하듯 귀중한 본질로 나를 채우면서 삶의 변전에 무관심하게 만들었고, 삶의 재난을 무해한 것으로, 그 짧음을 착각으로 여기게 했다. 아니, 그 본질은 내 안에 있는 것이 아니라 바로 나 자신이었다. 나는 더 이상 나 자신이 초라하고 우연적이고 죽어야만 하는 존재라고 느끼지 않게 되었다.

마르셀 프루스트의 『잃어버린 시간을 찾아서』에 나오는 유명한 문장입니다. 작은 마들렌 한 조각으로 일상의 고뇌에서 벗어나 행복에 이르는 과정을 잘 표현했죠. 소설은 분량이 무척 방대하지만, 개인의 내면을 깊이 묘사해 큰 울림을 줍니다. 특별한 사건이나 시간의 흐름에 따라 이야기가 진행되는 게 아니라, 오직 주인공이 자기 안에 있는 의미를 찾아가는 과정에 집중하고 있지요.

누군가에겐 마들렌 한 조각이 달콤하긴 하지만 한두 입 베어 물면 사라지는 소소한 것에 불과할 겁니다. 하지만 어떤 사람은 그 한 조각만으로 훨씬 풍부한 감정을 느끼고 시공간도 넘나들 수 있지요. 그런 사람에게 마들렌은 평범한 과자 한 조각 이상의 큰 의미를 갖습니다. 다시 말해, 프루스트는 사소해 보이는 물건 하나에도 인생의 가장 큰 기쁨이 담겨 있을 수 있고, 그 어떤 고난도 무너뜨릴 수 있는 강한 힘이 있다는 사실을 너무나도 잘 알고 있던 사람입니다. 당신의 마들렌 한 조각은 무엇인가요? 이 문장을 읽으며 각자 위안이 되는 작지만 소중한 것들에 대해 생각해보는 계기가 되셨으면 좋겠습니다.

저는 이처럼 사소한 것들이 가진 힘에 대해 조금은 알고 있습니다. 그저 좋아하는 문장을 함께 나누려는 작은 마음으로 시작했던 일로 인해 그전에는 생각지도 못한 작가로서의 삶을 살고 있으니까요.

사소하지만 즐겁게 꾸준히 할 수 있는 뭔가가 있다는 것, 이것이 바로 행복을 찾는 비밀 열쇠입니다. 행복을 너무 거창하게 생각할 필요 없습니다. 그저 맛있는 걸 먹고 여행을 가는 것도 좋고, 모임에 나가 다른 사람을 만나 이런저런 이야기를 나누는 것도 좋습니다. 이런 일들로 인생이 크게 달라지진 않겠지만, 일상의 소소한 기쁨을 아는 사람은 세상을 좀 더 여유롭게 바라보게 되고 마음도 평화로워지겠죠. 그런 건 다른 누가 찾아줄 수 있는 게 아닙니다. 각자 스스로 찾거나 만들어야 하죠. 헨리 데이비드 소로는『월든』에서 이렇게 말합니다.

우리가 소박하고 현명하게 산다면 이 세상에서의 삶은 고된 시련이 아니라 즐거운 유희가 될 것이다. 나는 이것을 신념과 경험을 통해 확신한다.

소로는 사소한 행복을 말할 때 빼놓을 수 없는 작가입니다. 미국 매사추세츠주 콩코드에 있는 월든 호숫가에서 2년 2개월간 혼자 살면서 자연을 예찬하고 문명의 야만성을 비판하는 에세이를 썼지요. 그가 월든 호수를 얼마나 좋아했냐면,

"나는 월든 호수처럼 고결한 성품과 순수성을 잘 간직한 이를 본 적이 없다"라고 고백했을 정도입니다. 개인적으로 정말 좋아하는 책이라 여러 출판사에서 나온 다양한 번역본을 모두 갖고 있습니다. 자연에 대한 세밀하고 감각적인 표현과 묘사도 매력적이지만, 무엇보다 삶과 자유에 대한 중요한 통찰이 담긴 의미 있는 책입니다.

소로는 월든 호숫가에 직접 집을 짓고 장작을 패고 농사를 지으며 살았습니다. 해가 뜨면 일을 하고 해가 지면 일을 마쳤습니다. 자연에 순응하며 흘린 땀만큼 보상을 받는 삶을 살았죠. 고되지만 보람찬 일과를 마치면, 독서를 하거나 글을 쓰며 시간을 보냈습니다. 자기 일에 최선을 다하고 작은 행복을 온전히 만끽할 줄 아는 삶. 그가 글로 몸으로 보여준 이런 소박한 삶의 태도야말로 물질적으로는 풍족하지만 정신적으로는 한없이 지친 일상을 사는 우리가 배워야 할 자세는 아닐까요?

사회학 이론 중에 '깨진 유리창 이론'이 있습니다. 깨진 유리창을 길거리에 그대로 방치하는 것만으로 도시 전체의 범죄가 늘어날 수 있다는 거예요. 사소한 무질서가 큰 사회적 문제로 이어질 수 있다는 사실을 밝혀낸 이론입니다.

이 이론은 개인의 관계에도 적용할 수 있는데요. 예컨대 연인이나 친구가 크게 다툴 때에는 단지 한두 개의 사건만 문제가 되는 게 아닙니다. 오랫동안 작은 오해와 감정이 쌓이고 또 쌓였다가 문제가 터지죠. 이때 '대체 왜 사소한 일로 화를 내냐'고 말하는 것은 어리석은 행동입니다. 사소하지 않은 그 상황은 바로 오랜 시간에 걸쳐 사소함이 켜켜이 쌓였을 때 일어나니까요.

각각의 파트너는 자신보다 상대에게 더 관심을 가져야 한다. 그것이 사랑과 결혼의 성공을 위한 유일한 기초다. 서로가 자신보다 상대에게 더 관심을 갖는다면 두 사람은 대등한 관계가 틀림없다.

철학자이자 아들러 심리학의 전문가인 기시미 이치로는 『당신의 사랑은 지금 행복한가요?』에서 사랑의 기초가 상대에게 관심을 가지는 데 있다고 말합니다. 상대에게 관심을 갖는다는 건 그 사람의 일상 속 사소한 일들을 알고 싶다는 뜻이죠. 점심은 먹었는지, 지금 기분은 어떤지, 오늘 하루 별일은 없었는지 계속 궁금한 겁니다. 다시 말해 사랑은 매일매일 특별한 이벤트로 이어지는 것이 아니라, 제가 좋아하는 가수 십센치의 노랫말처럼 "은하수다방 문 앞에서 만나, 홍차와 냉커피를 마시며, 매일 똑같은 노래를 듣다가 오는" 것이지요.

우리 인생의 대부분을 차지하는 건 사소하고 평범한 일상입니다. 이런 일상을 소중히 여기는 사람, 작은 일에도 감사할 줄 아는 사람이 되겠다고 다짐해봅니다. 사랑하는 사람의 작은 행동에 관심을 기울이고 배려하는 마음을 가져야겠다는 생각도 하면서요.

　사소한 일들이 쌓여서 인생이 되는 것이기에
　서로에게 작은 기쁨을 건넬 수 있는
　그런 사람이 되기를.

　행복이란 건 거창한 게 아니니까요.
　삶은 매일의 사소한 일들로도
　충분히 행복해질 수 있으니까요.

왜냐고요?
청춘이니까

청춘은 별다른 이유 없이 웃지만,
그것이 바로 그들이 가진 커다란 매력 가운데 하나다.

오스카 와일드의 이 말처럼 그저 이유 없이 웃는 것조차 매력이 되고, 매사 서투를 수밖에 없는 모습조차 아름다운 시기. 한없이 뜨거웠다가 갑자기 차가워지기도 하고, 쉽게 상처를 주고받기도 하는 열병과도 같은 시절. 바로 청춘입니다. 누구나 꼭 한 번은 거치는 이 시기는 지금 청춘을 보내고 있는 사람이나 이미 청춘을 지나온 사람 모두에게 언제나 흥미진진한 이야깃거리죠.

제 청춘을 돌아보면, 딱히 뚜렷한 목표는 없었던 것 같습니다. 그저 흘러가는 대로 주어진 상황을 헤쳐나갔지요. 정말 실수투성이였지만 그 시절이 나쁘진 않았습니다. 오히려 행복했어요. 말 그대로 하루하루 마음 내키는 대로 살았던 시기였으니까요. 뭔가에 취한 것처럼 매사 충동적이었고 진심을 다했습니다. 친구들과 어울려 밤거리를 헤매기도 하고, 훌쩍 여행을 떠나기도 했으며, 좋아하는 일과 사람에게 온 마음을 다했습니다. 왜 그랬는지 생각하면, 그저 '청춘이니까'라는 대답밖에 안 떠오르네요.

가수 김광석도 살아생전 콘서트에서 청춘에 대해 이렇게 말한 적이 있습니다.

뭔가 스스로를 찾기 위해 좌충우돌 부대끼면서 그러고 지내고, 가능성도 있고 나름대로 주관적이든 일반적이든 객관적이든 기대도 가지고 지냅니다. 자신감은 있어서 일은 막 벌이는데 마무리를 못 해 다치기도 하고, 아픔을 간직하기도 합니다. 그래도 자존심은 있어서 유리처럼 지내지요. 자극이 오면 튕겨내버리든가 스스로 깨어지든가.

이처럼 청춘은 유리처럼 섬세한데도 자극을 받는 걸 전혀 두려워하지 않습니다. 튕겨내든 깨어지든 말이죠. 그만큼 용기가 넘치고 호기심도 많습니다. 누군가 그러더군요. 바로 이

호기심을 잃어버린 순간, 청춘은 우리 곁을 떠나간다고요. 서른이 되고 마흔이 되고, 점점 나이가 들수록 자극을 멀리하게 되고 호기심도 줄어듭니다. 감정에 무뎌지는 거죠. 매사 용기 있게 도전하기보다는 좀 더 신중해지고 생각이 많아집니다. 그리고 자신도 모르는 사이 점점 더 멀어져간 청춘, 그 찬란한 시절을 그리워하게 됩니다.

지나간 청춘에 대한 아쉬움은 이쯤 내려두고, 지금 그 아름다운 시절을 보내고 있는 이들에게 들려주고 싶은 시가 한 편 있습니다.

그대의 집이 노래하며 사랑하고, 웃고 울도록 하라. 바로 그곳에서,
살아야 하고, 지붕을 가리고, 그대 삶의 경계를 세워야 한다.
고요한 동굴에 겨우 한숨 소리만 건네면서,
그대의 어두운 내면의 사유 속에
막연하면서도 온유한 삶과 헤아릴 수 없는 시간들을 비춰보면서,
또한 그와 동시에, 되는 대로, 엄숙하고도 방랑벽 있는
그대의 환상을 따라, 세상을 지나,
그대에게서 멀리, 그대의 진홍빛 지평선 너머로,

그대의 시가 눈부신 햇살 아래 나아가게 하라.

「어느 시인에게」라는 시의 일부입니다. 이 시를 쓴 빅토르 위고는 소설 『레 미제라블』과 『파리의 노트르담』으로 유명한 작가로 프랑스 낭만주의 시대를 대표하는 시인이기도 했습니다. 제목처럼 원래는 시인을 대상으로 쓴 작품이지만, 저는 이 시가 지금의 청춘에게도 큰 용기를 준다고 생각합니다. 바로 다음과 같은 메시지를 전하고 있기 때문입니다. 기꺼이 노래하고 사랑하고 웃고 울면서 감정에 충실하게 살아라, 내면을 돌아보고 삶을 헤아리면서도 기꺼이 환상을 좇아라, 그대의 시가 눈부신 햇살 아래 나아가게 하라!

실제로도 위고는 누구보다 자신의 감정에 충실하면서 뜨겁게 청춘을 보낸 인물이었습니다. 겨우 스물셋의 나이에 프랑스 왕실로부터 레지옹 도뇌르 훈장을 받을 정도로 문학 활동에 열정적이었고, 나폴레옹 3세의 쿠데타에 반대했다가 19년간 국외로 망명을 떠나기도 했었죠. 그의 대표작 『레 미제라블』은 흔히 장발장의 이야기로 알려져 있으나, 그에 버금가는 비중으로 혁명의 시기를 살아간 청춘들의 뜨거운 사랑과 꿈과 열정을 다루고 있습니다. 그만큼 치열하게 청춘을 살았던 그였기에, 앞에서 살펴본 뜨거운 시를 남길 수 있었던 거지요.

청춘이라는 말은 그 시기를 지나온 이들에게는 애틋한 그리움과 낭만을 남기고, 지금 그 시기를 지나고 있는 이들에게는 무한한 가능성을 보여줍니다. 매사 혼란스럽고 서투르지만 그 모든 일이 경험이 되고 좋은 추억이 되는 거죠. 물론 고난과 아픔도 많겠지만, 용기를 잃지 않으면 단 한 번뿐인 그 시기를 아름답게 꽃피울 잠재력이 청춘에겐 있습니다. 주눅 들지 않고 모든 것을 직접 경험하면서, 당당하게 자신만의 시를 써나갈 힘이 말이지요.

저는 〈책 읽어주는 남자〉를 운영하면서 청춘에게 위로가되는 문장을 소개한 적이 있는데요. 그중 한 구절을 인용하면서 이번 장을 마칠까 합니다. 박웅현 작가의 『여덟 단어』에 나오는 문장입니다.

인생의 정답을 찾지 마시길. 정답을 만들어가시길.
내일을 꿈꾸지 마시길. 충실한 오늘이 곧 내일이니.
남을 부러워 마시길. 그 많은 단점에도 불구하고 나는 나.
시류에 휩쓸리지 마시길. 당대는 흐르고 본질은 남는 것.
멘토를 맹신하지 마시길. 모든 멘토는 참고 사항일 뿐이니.
이 책의 모든 내용을 단지 하나의 의견으로 받아들이시길.
그리고 당신 마음속의 올바른 재판관과 상의하며
당신만의 인생을 또박또박 걸어가시길.

당신이란 유기체에 대한 존중을 절대 잃지 마시길.

자기 마음에 솔직해야 합니다. 남과 비교하거나 중요한 문제를 회피하지 말고, 주어진 하루하루를 최선을 다해 행복하게 살아가야 하죠. 학업이든, 사랑이든, 우정이든, 여행이든 모든 것을 즐길 자격이 당신에겐 있으니까요. 윈드서핑을 즐기는 사람처럼 눈앞에 불어닥치는 파도를 기쁜 마음으로 당당하게 마주하세요. 아흔아홉 번 실패하고 단 한 번 성공하더라도, 그 한 번의 성공을 위해 거센 파도를 기쁜 마음으로 맞이할 수 있는 것, 그것이 바로 청춘만이 누릴 수 있는 기쁨이니까요.

어른의 시간이
시작되어도

언제 이렇게 나이가 들어버린 건지, 거울 속에서 훌쩍 어른이 된 저를 발견할 때면 가끔 낯선 기분이 들 때가 있습니다. 어른이 된 게 하루 이틀 일도 아닌데 괜히 헛헛한 웃음만 나지요. 사진첩 속에 있는 해맑은 아이와 개구쟁이 소년, 그리고 활기찬 청년의 모습은 어디로 가버린 건지 괜히 서글프기도 합니다.

어렸을 때 저는 막연히 어른만 되면 아는 것도 할 수 있는 것도 많아질 거라고 생각했습니다. 저를 둘러싼 규제들이 너무 숨 막혔어요. 매일 교복을 입고, 시험을 치르고, 사사건건 선생님이나 부모님의 통제를 받는 게 답답했습니다. 그런데 막상 어른이 되고 보니, 학교를 다닐 때보다 훨씬 크고 단단한 장벽이 앞을 가로막고 있더군요. 게다가 학생 때처럼 혼자 애쓰면 그만인 게 아니라, 가족, 동료 등 주변 사람들도 챙겨야 했죠. 무엇이든 마음대로 할 수 있기는커녕 오히려 의무가 더 늘어났습니다. 그래서일까요? 때론 학창 시절이 그립더군요. 분명 학창 시절엔 답답하게 느껴졌던 일상이 지금 생각하면 오히려 자유로웠던 것 같아요. 어른에게 이렇게 많은 책임이 따르는 줄 알았다면 그냥 아이로 계속 남았으면 좋았을 것 같다는 엉뚱한 생각도 가끔 해봅니다.

어른으로 살아가는 건 왜 이렇게 혼란스럽고 피곤할까요? 경험과 책임을 조금씩 늘려가며 좀 더 천천히 어른이 됐다면 좋았을 텐데, 너무 갑자기 어른이 된 것 같아 버거운 건 저만 느끼는 감정일까요?

매년 조금씩 나이를 먹어가고
매일 조금씩 삶은 복잡해져간다.

요시모토 바나나의 에세이 『어른이 된다는 건』의 책 소개 문장입니다. 이 문장을 보고 책을 펼쳐 읽으니, 앞선 감정을 저만 느끼는 건 아닌 것 같아 조금은 위로가 됐습니다. 아마 어렸을 때 읽었더라면 지금처럼 크게 와닿지 않았을지 모릅니다. 그런데 어른이 되고 보니 삶이 매일 조금씩, 더 복잡해

129

진다는 말이 왜 이렇게 공감이 될까요. 인생을 아무리 단순하게 바라보려고 해도 눈앞에 매일 닥쳐오는 삶의 과제들을 생각하면 절로 복잡해집니다. 이런 심정에 공감하는 많은 어른에게 이 책의 또 다른 문장을 전합니다.

어른이 되지 않아도 괜찮아요. 다만 당신 자신이 되세요.
그것이 여러분이 이 세상에 태어난 목적이니까요.

다만 자기 자신이 되는 것, 그것만이 이 세상에 태어난 목적이라는 문장에 저는 위로를 받았습니다. 우리는 어른이 되면 마땅히 그에 걸맞은 행동을 하고 책임을 져야 한다는 부담에 시달리곤 합니다. 하지만 정말 그렇게 세상의 기준을 따르고 다른 사람의 시선만 신경 쓰는 게 어른인 걸까요? 저는 모두가 그런 어른이 될 필요는 없다고 생각합니다.

지금도 저는 제가 어른이 되려면 아직 멀었다고 생각합니다. 철들지 못했다는 핀잔을 들어도 어쩔 수 없습니다. 다른 사람이 바라보는 시선을 의식해 불필요하게 많은 짐을 지고 살아가는 건 자신만 힘들게 합니다. 그런 짐을 질 필요 없이, 우리는 그저 자기 자신의 삶을 살면 됩니다.

물론 세상은 우리를 가만히 내버려두지 않습니다. 저도 꽤 오랫동안 직장 생활을 하면서 사회가 만만하지 않다는 것을 깨달았습니다. 학교에서 배우는 전공 공부도 사회에서는 그리 쓸모가 없고, 능력보다는 눈치가 중요할 때가 더 많죠. 화가 나거나 억울한 일도 참 많습니다. 퇴근하면서 밤하늘을 보고 한숨을 쉴 때가 한두 번이 아니었어요. 내 편이라고 생각했던 친구가 마음을 몰라줄 때도 있고, 직장 선배도 정작 힘들 땐 의지가 되지 않을 때가 많습니다. 오히려 그들이 무거운 짐을 안겨줄 때도 있지요.

이처럼 우리가 항해하는 인생이라는 바다는 결코 고요하지 않습니다. 삶은 늘 흔들리고, 가정에서도 직장에서도 수시로 거센 파도와 물살이 들이닥치거든요. 아무리 꼿꼿하게 서 있으려 해도 무너지기 쉽습니다. 괜찮다 싶다가도 울컥 눈물이 날 때도 많아요. 힘들어도 어른은 다 그렇게 산다는 말에 미처 내색도 못 하거나 억지로 눈물을 참게 될 때가 참 많습니다.

하지만 그러지 않으셔도 됩니다. 괜찮습니다. 힘들면 힘들다고 말해도 되고 눈물을 흘려도 됩니다. 너무 지쳤을 땐 잠시 주저앉아 쉬어도 좋습니다. 중요한 건 단 한 가지, 다른 사람에게 인생의 방향키를 넘겨서는 안 된다는 점뿐입니다.

모든 사람의 진정한 의무는 단 한 가지뿐이다. 바로 자기 자신에게로 가는 것. (……) 모두가 관심을 가져야 할 일은 어떻게 돼도 좋은 운명 하나가 아니라, 자신만의 운명을 찾아내는 일이며, 그 운명을 자기 자신 속에서 온전하고 왜곡되지 않게 그대로 다 살아내는 일이다.

헤르만 헤세의 『데미안』은 우리가 정말 관심을 가져야 할 것이 오로지 내 생각과 취향, 삶과 태도라는 사실을 일깨워줍니다. 타인과 사회가 재단한 틀에 억지로 맞추지 말고 자신만의 운명을 찾아내야 한다는 거죠. 정말 안타까운 일은 우리가 어릴 적 저마다 가지고 있던 꿈을 어른이 되면서 잃어버리는 경우가 많다는 것입니다. 세상과 타협한 채 정말 하고 싶은 것, 진짜 자신만의 운명 같은 건 더 이상 찾으려 하지 않죠. 그런 걸 좇는 사람을 비현실적인 몽상가라 부르면서요.

그러나 어릴 때에도 어른이 되어서도 우리는 오직 우리 자신으로밖에 살지 못합니다. 따라서 진짜 행복을 바란다면 타인의 시선이나 사회적 기준이 아니라, 나의 운명, 나의 생각, 나의 태도를 찾고 지키는 일이 우선되어야 합니다. 어떻게 하면 '번듯한 어른'이 될 수 있을지 고민하지 마세요. 그저 자신만의 운명을 찾고 온전하게 그 삶을 살기만 하면 됩니다. 이러한 교훈을 주는 『데미안』은 읽을 때마다 감회가 새로운 작품입니다. 어른이 되어 읽어도 새로운 깨달음을 주지요.

오늘 하루도 무사히 잘 마쳤고 내가 이룬 것에 만족합니다. 나는 행복했고, 만족했으며, 이보다 더 좋은 삶을 알지 못합니다. 삶이 내게 준 것들로 나는 최고의 삶을 만들었으니까요. 결국 삶이란 우리 스스로 만드는 것이니까요. 언제나 그래 왔고, 또 언제까지나 그럴 겁니다.

『인생에서 너무 늦은 때란 없습니다』를 쓴 모지스 할머니는 어려서부터 화가가 되고 싶었지만 환경이 여의치 않았습니다. 그래서 일흔여섯이 되어서야 처음으로 그림을 그리기 시작했지요. 모두가 너무 늦었다고 말했지만, 모지스 할머니는 그런 말에 콧방귀도 뀌지 않았습니다. 이후 20년 넘게 작가로 활동하며 1600여 점의 그림을 그렸지요. 아흔세 살 때는 《타임》의 표지 모델이 되기도 했습니다. 우리나라에도 일흔이 넘은 나이에 유튜브를 시작해서 지금은 전 세계적으로 왕성하게 활동하고 계신 크리에이터 박막례 할머님이 계시지요.

이분들에게 때를 놓쳤다거나 나이가 너무 많다는 말은 아무 의미가 없습니다. 그런 세상의 편견은 전혀 문제가 되지 않죠. 중요한 건 오직 자기가 즐겁게 하고 싶은 것을 용기 있게 실천하는 일뿐입니다.

매일 주어지는 하루하루는 오직 우리 자신만의 것입니다. 아무리 대단한 사람도 그 하루를 대신 살아줄 수는 없으며, 어느 누구도 남과 똑같은 삶을 살 수 없습니다. 우리는 모두 이 세상에서 유일한 존재입니다. 그런 자신을 좀 더 아끼고 사랑하며 행복을 느낄 수 있는 삶을 살아야 합니다. 그 삶은 다른 누가 아닌 스스로 만드는 것이지요.

굳이 어른으로 살거나 훌륭하게 살지 않아도 괜찮습니다. 매 순간 정말 하고 싶은 것을 하며 최선을 다해 나 자신으로 살아간다면, 그것만으로도 이미 충분히 가치 있는 인생을 살아가고 있는 걸 테니까요.

힘내지 않아도
괜찮아

누구에게나 위로가 필요한 순간이 있습니다. 지쳤거나 외롭거나 슬픈 일이 있거나 너무 힘들 때가 그렇습니다. 혼자서는 감당할 수 없는 일이 닥쳤을 때, 우리는 누군가의 어깨를 빌리고 서로 힘내라며 격려와 위로도 주고받는 거지요.

그런데 이상하게도 힘내라는 말이 버겁게만 느껴지고 진심처럼 느껴지지 않을 때가 있습니다. 위로가 위로되지 않는 것이죠. 이때 필요한 것은 뭘까요? 정말 아무런 격려도 위로도 필요 없으니 그대로 내버려두어도 괜찮은 걸까요? 아닙니다. 그때 필요한 것은 좀 더 힘내라는 말이 아니라 지금도 괜찮다는 말, 나의 존재 자체를 있는 그대로 긍정해주는 말입니다.

제가 막 신입 사원으로 회사에 들어가 일을 배우기 시작할 때였습니다. 당연한 일이겠지만, 매사 서툴러서 늘 긴장한 채로 눈치만 보고 복사기와 제 자리를 왔다 갔다 할 뿐이었습니다. 그러던 어느 날 부장님이 지나가던 저를 불렀습니다.

"자네, 아직 업무가 없지? 경쟁사들 상품을 한번 분석해보지."

아직 부장님이 어렵기만 했던 터라 구체적으로 뭘 하면 되는지 묻지도 못한 채, 재빨리 "네" 하고 대답하고 자리로 돌아왔죠. 막상 컴퓨터 화면을 바라보니 식은땀이 저절로 나기 시작하더군요. 사내 전산망과 인터넷을 뒤지고 머리를 쥐어뜯으며 작업을 했습니다. 잘한 건지 못한 건지 도무지 감이 안 잡혔습니다. 선배들을 찾아가 조언도 구했지만, 다들 이렇게 대답할 뿐이었습니다. "뭐, 조금만 더 정리하면 되겠네. 잘해봐." "할 수 있어! 힘내!"

그렇게 무수한 '격려'와 '위로'를 받았지만, 제대로 된 조언은 받지 못했습니다. 너무 막막했습니다. 어느새 퇴근 시간도 훌쩍 지난 그때, 한 선배가 외근을 마치고 회사로 돌아왔습니다. 선배는 차분히 이야기를 들으며 제 자료를 살펴보더니 이렇게 말했습니다. "꽤 열심히 했네. 지금도 괜찮긴 한데, 이런 부분만 좀 더 보완하면 좋을 거 같아." 구원자를 만난 기분이었지요. 하루 종일 공허한 격려만 들으며 지쳐 있던 제게, 진심이 담긴 '열심히 했다' '지금도 괜찮다'는 말이 얼마나 큰 위로가 되던지요.

　살다 보면 이와 비슷한 상황을 종종 겪게 됩니다. 똑같은 위로라도 어떤 건 진심이 잘 전달돼 힘이 나지만, 반대로 전혀 도움이 안 되는 것도 있죠. 그저 힘내고 열심히 하라는 말만으로는 위로가 잘 되지 않습니다. 진심으로 느껴지지도 않고요. 정말 힘든 사람에게 필요한 건 그런 말이 아니라, 먼저 진심으로 귀 기울여주고 힘든 걸 알아주는 일이니까요.

　"힘내라, 열심히 살아라"라고 격려하는 소리만 넘치는 세상. 이제 사람들은 그런 말로는 참된 힘이 솟지 않아. 나는 도리어 이렇게 말하고 싶어. 힘내지 않아도 괜찮아. 너무 힘을 내려고 애쓰는 바람에 네가 엉뚱한 길 잘못된 세계로 빠져드는 것만 같아. 굳이 힘을 내지 않아도 된다고 생각하면 마음이 편해지잖니? 인간이란 실은 그렇게 힘을 내서 살 이유는 없어. 그렇게 생각하면 이상하게 거꾸로 힘이 나지. 몹쓸 사람들은 우리에게 지나치게 부담을 주는 그런 사람들이야. 힘을 내지 않아도 좋아. 자기 속도에 맞춰 그저 한 발 한 발 나아가면 되는 거야.

츠지 히토나리의 소설 『사랑을 주세요』에 나오는 문장입니다. 요즘 들어 더욱 제 머릿속을 맴도는 구절이기도 한데요. 오늘날 우리에게 가장 절실하고 필요한 말은 아마도 이 말인 것 같습니다. '힘내'가 아니라, '힘내지 않아도 괜찮아'라는 말.

괜찮아. 충분히 잘하고 있어. 더 힘내지 않아도 괜찮아. 너무 힘들어도 자리에 주저앉지 못한 채 억지로 버티고 서 있는 이들에게, 이 말은 얼마나 큰 위로가 될까요. 너무 힘을 내기에 오히려 엉뚱한 길로 빠지고 잘못된 세계로 빠져드는 것 같다는 말, 힘내지 않아야 오히려 힘이 난다는 말은 우리가 힘을 내는 이유가 다른 사람을 위해서가 아니라 오직 자기 자신을 위해서라는 사실을 일깨워줍니다.

사람에겐 저마다 맞는 속도가 있습니다. 무리해서 빨리 달리려고만 하거나, 다른 사람이나 사회의 속도를 억지로 따라갈 필요는 없습니다. 오히려 그렇게 하면 진짜 필요할 때 힘을 낼 수 없고, 도중에 지쳐서 쓰러져버릴 테니까요. 달리다가 너무 힘이 들 땐 더 무리하지 않아도 됩니다. 그럴 땐 잠시 쉬어가도 괜찮습니다.

잘하고 싶었지만, 능력이 여기까지밖에 미치지 못했다. 그럴 때 쓰는 최선이란 말. 그래, 참 신기하고 장한 말이구나. 그로부터 많은 시간이 지나 어른이 됐고, 사회인이 됐다. 사회에선 최선을 다하는 게 기본 사양이었다. 그래서 혼잣말을 한다면 모를까, 다른 사람 앞에선 섣불리 최선이란 말은 꺼내지 않게 됐다.

　사는 일이 내 마음 같지 않게 흘러갈 때 스스로에게 묻곤 한다. 과연 어느 선까지 해야 최선일까. 온 정성과 힘을 다하고도 쓸쓸해지는 건 왜일까. 정답은 모르지만, 한 가지는 어렴풋이 알 것 같다. 나의 최선과 다른 사람의 최선이 만나 부딪친 자리에서 때론 꽃이 피고, 때론 눈물도 자란다는 것, 그게 인생이란 걸 말이다.

　정말 최선을 다했음에도 결국 일이 뜻대로 풀리지 않을 때가 있죠. 에세이『어쩌면 내가 가장 듣고 싶었던 말』의 정희재 작가는 그럴 때 다른 사람에게 더 최선을 다하라고 함부로 말해서는 안 된다고 이야기합니다.

　한 사람이 혼자 낼 수 있는 용기와 힘에는 한계가 있습니다. 최선에도 한계가 있는 거죠. 내 최선을 기준으로 다른 사람의 최선을 재단해서는 안 됩니다. 반대의 경우도 마찬가지입니다. 누군가 "왜 최선을 다하지 않았어? 더 힘을 내지 않았어?"라고 다그치는 말에 상처받지 마세요. 당신은 이미 정말 최선을 다했을 테니까요. 그럴 때 필요한 건 진심 어린 공감과 위로, 그리고 함께하는 최선입니다. 너 혼자, 나 혼자 최선을 다하는 게 아니라 함께 최선을 다하자고 손을 맞잡는 것이죠. 그렇게 나의 최선과 다른 사람의 최선이 만날 때, 물론 눈물 흘릴 날도 있겠지만, 결국에는 화려하게 꽃을 피우는 좋은 결과도 낼 수 있는 것이지요.

　다른 사람에게 최선을 다하라고, 힘내라고 말할 때는 손도 함께 건네야 합니다. 넘어져 있다면 일으켜 세우고, 지쳐 있다면 짐을 나눠 들면서 함께 힘내자고 해야 하죠. "네가 좀 더 힘을 낼 수 있도록, 최선을 다할 수 있도록, 나도 힘을 내 최선을 다해서 도와줄게"라고 말해야 합니다. 모두가 그런 마음으로 힘을 내고 최선을 다한다면, 좀 더 좋은 세상이 되지 않을까요. 그렇게 우리가 서로에게 힘이 되는 존재가 될 수 있기를 가만히 소망해봅니다.

일상의 시간을 벗어나야
진짜 여행

'천국의 섬' 하와이로 떠난 것은 어디까지나 충동적이었습니다. 잡지를 펼쳐 보다 문득 하와이에 한 번도 안 가봤다는 생각이 들어 비행기표를 예매했는데, 기왕 가는 김에 뻔한 여행보다는 관광객은 잘 경험하지 못하는 섬의 내밀한 풍경을 느끼고 싶었습니다. 그래서 애써 섬 깊숙한 곳에 있는 숙소를 찾았지요. 문 앞에 도착하기 전까지 이런 곳에 숙소가 있을까 싶었습니다. 그런데 저는 그곳에서 새로운 세상을 경험했습니다.

새들이 지저귀는 소리가 청량하게 울려 퍼지고, 바람결에 풀과 나뭇잎이 흔들리는 소리와 개울물 흐르는 소리가 화음을 이루던 곳. 혹시 이렇게 숲이 부르는 노랫소리를 들으며 아침을 맞아본 적 있으신가요? 바로 그곳이 그랬습니다. 물론 불편한 점도 있었지만, 불편을 감수한 보람이 있었죠. 왜 갑자기 그런 곳에 묵을 생각이 들었던 걸까요? 아마 프루스트의 이 문장에 이끌렸던 것 같습니다.

진정한 여행은 다른 낯선 땅을 방문하는 것이 아니라 새로운 눈을 갖는 것이다.

그저 편하게 휴가를 보내려고 했다면, 호텔이나 리조트에서 쉬면서 관광을 즐기는 게 나았겠죠. 하지만 저는 이 문장을 접하고 여행에 대한 태도가 많이 달라졌습니다. 여행의 새로운 이유를 찾기 시작한 것이지요. 단지 관광지를 다니고 이국적인 음식이나 문화를 경험하는 걸 넘어서 어떻게 하면 '새로운 눈'을 기를 수 있을지 고민하기 시작했습니다. 그래서 평소였으면 결코 묵지 않았을 곳, 새들이 어떻게 노래 부르고 숲은 어떻게 숨 쉬는지 느낄 수 있는 섬의 깊숙하고 은밀한 곳에 묵기로 한 거지요.

여행은 일상에서 벗어난 색다른 경험을 주지만, 결국 우리는 언젠가 다시 일상으로 돌아가야만 합니다. 사진이나 동영상을 통해 추억을 남기는 것도 물론 좋습니다. 하지만 프루스트의 말처럼 새로운 눈까지 기른다면 얼마나 좋을까요? 그럴 수 있다면 여행이 끝난 뒤에도 일상을 훨씬 풍부하게 살아갈 수 있을 테니 말이지요.

어렸을 때 안데르센 동화를 읽어보셨을 겁니다. 「성냥팔이 소녀」 「인어 공주」 「미운 오리 새끼」 등 수백 편의 작품이 있지요. 동화 작가라고 하면 왠지 부드럽고 낭만적인 느낌이 있지만, 사실 안데르센은 어린 시절 가난했고 외모 콤플렉스도 있었다고 합니다. 자서전 격인 작품이 바로 「미운 오리 새끼」죠. 다르게 생겼다는 이유로 구박과 비난을 받으며 자란 오리가 사실은 자신이 백조였다는 것을 깨닫고 훨훨 하늘을 날아오르는 결말의 동화입니다. 안데르센이 어떤 마음을 가지고 이 작품을 썼는지 알 수 있습니다.

이처럼 안데르센의 동화에는 그의 삶과 철학이 담겨 있습니다. 인간과 세계의 다양한 모습을 담아내고 있지요. 그런데 그가 작품 활동만큼이나 중요하게 생각한 것이 있습니다. 바로 여행입니다. 안데르센은 "삶은 곧 여행이다"라는 말을 남길 만큼 여행광으로 틈만 나면 가방을 싸서 집을 떠났다고 합니다. 작품 속에서 여행에 대한 이야기가 많이 언급되는 것도 그 때문입니다. 스물다섯 청년 시절부터 세상을 떠나기 몇 해 전까지 계속해서 여행을 떠났죠. 일상에서 벗어나기 위한 여행, 세상의 비난을 피해 떠난 여행, 작품을 위한 취재 여행을 비롯해 아무 생각 없이 떠난 여행까지, 참 다양한 이유로 여행을 떠났습니다.

그래서일까요? 그의 동화 속 세상은 무척 다채로운 모습을 띠고 있습니다. 안데르센은 여행을 통해 좀 더 풍성한 세상을 그려낼 수 있었지요. 여행은 이처럼 일상에서 할 수 없는 경험을 통해 우리가 색다른 시야를 가질 수 있도록 돕습니다.

"우리는 내일 떠나야 한단다. 1년이 지난 뒤에야 다시 돌아올 수 있을 거야. 그런데 너를 여기 혼자 두고 떠날 수는 없어. 우리와 함께 떠날 수 있겠니? 나는 힘이 좋으니 너를 안고 숲을 지나갈 수 있어. 날개도 너를 데리고 바다를 건널 수 있을 만큼 강할 거야."

"네, 함께 떠나요!"

못된 왕비의 저주를 받아 백조로 변한 왕자들이 여동생 엘리제에게 함께 떠나자고 말하는 부분입니다. 이 위험천만한 여행으로 엘리제는 오빠들이 걸린 저주를 푸는 법을 찾게 되고 마침내 좋은 결말을 맺게 됩니다. 어쩌면 안데르센은 이 이야기를 통해 눈앞의 어려움을 극복하기 위해선 때론 멀리 물러서서 문제를 바라보는 것도 필요하다는, 즉 여행이 필요하다는 메시지를 던진 건지도 모르겠습니다.

여행의 또 다른 매력은 교감입니다. 사랑하는 가족, 친구, 연인과 함께 여행을 떠나는 이유지요. 낯선 곳으로 여행을 떠나면 함께하는 시간도 많아지고 공감하거나 공유할 수 있는 추억도 쌓입니다. 특별한 곳에서 색다른 경험을 많이 할 수 있고, 그것들은 일상으로 돌아가서도 좋은 추억이 됩니다. 꼭 멀리 떠나지 않아도 좋습니다. 시간과 공간을 함께한다는 것이 중요하니까요.

내가 오래 기억해야 할 건 그 온기뿐만 아니라, 청년의 미소뿐만이 아니라, 그 이상의 교감일 거라 생각한다.
앞으로 낯선 곳으로 여행을 갔을 때 제대로 말이 통하지 않을 때, 그럴 땐 똑같이 생긴 뭔가를 두 개 산 다음 그중 하나에 마음을 담아서 건네면 된다.
환하게 웃으면서 그러면 된다.

저는 이병률 시인의 에세이『끌림』의 이 문장을 매우 좋아합니다. 여행을 떠날 때 가져야 할 태도를 너무나도 잘 말해주고 있거든요. 이 문장을 읽고 여행을 할 땐 관광객이 아니라 친구의 자세를 가져야 한다는 깨달음을 얻었습니다. 처음 친구를 사귈 때처럼 서로 조심스레, 하지만 진심으로 다가간다면 서로 말이 통하지 않아도 좋은 관계를 맺을 수 있지요.

낯선 여행지에서 좋은 친구를 사귈 수 있다면, 여행이 끝난 뒤에도 그곳은 단지 관광지가 아니라 내 친구가 사는 애틋하고 그리운 곳으로 기억되겠지요.

일상의 행복은 중요합니다. 그러나 그 행복을 더욱 소중하게 여기기 위해서라도 종종 일상에서 벗어날 필요가 있습니다. 기차나 비행기를 타고 멀리 떠나는 여행도 좋지만, 미처 가보지 못했던 골목길을 산책하거나 예전에 살았던 동네나 학교 운동장을 찾아보는 것도 좋은 여행이 될 수 있습니다.

매일 아침 눈을 뜰 때마다 우리는 새로운 하루를 맞이합니다. 아직 살아보지 못한 새로운 시간을 사는 거죠. 그렇다면 하루하루의 삶 역시 여행이라고 말할 수 있을 것 같습니다. 이렇게 생각하면 일상이 조금 더 특별하고 행복해집니다. 인생이라는 여행을 좀 더 즐겁게 보내야겠다는 다짐도 하게 되고요. 아직도 여행을 망설이고 있는 분이 있다면, 마지막으로 알랭 드 보통의 『여행의 기술』 속 문장을 읽어드리고 싶습니다.

사실 목적지는 문제가 아니었다. 진짜 욕망은 떠나는 것이었다. 그가 결론을 내린 대로 "어디로라도! 어디로라도! 이 세상 바깥이기만 하다면!" 어디로라도 떠나는 것.

지금 당장
모험을 떠날 시간

자신이 원하는 것이 무엇인지 알았다면 꿈꾸기를 두려워하지 마라. 당신이 진정 좋아하는 일로 성공하고 싶다면, 그 바람을 행동으로 옮긴다면, 그리고 실패를 두려워하지 않는다면, 그 꿈은 분명 이루어질 것이다. 비록 가는 길이 험난하고 때론 넘어져 다칠 수도 있지만, 인생에서의 성공은 꿈꾸는 자의 몫이다.

취업 준비생 시절 『서른 살이 심리학에게 묻다』라는 책을 읽다가, 이 대목에서 잠깐 멈칫한 적이 있습니다. 물론 좋은 말이지만 좀 뻔한 이야기가 아닐까 삐뚤어진 생각을 잠깐 했었는데, 책을 쓰신 김혜남 작가의 삶을 알게 되자 생각이 완전히 바뀌게 되더군요.

그는 촉망받던 정신과 전문의였는데, 겨우 마흔셋이라는 나이에 파킨슨병 진단을 받았습니다. 그야말로 청천벽력이었죠. 처음에는 너무 억울하고 세상이 원망스러워 아무것도 하지 못하고 한 달 동안 침대에만 누워 있었다고 합니다. 그러다 문득 이런 생각이 든 거죠. "그래도 아직 할 수 있는 게 훨씬 많은데 왜 이러고 있지?"

자리에서 일어난 그는 지금까지 20년 넘는 시간 동안 환자를 진료하고, 아이를 키우고, 책을 쓰고, 강의를 하며 살아오고 있습니다. 누구나 절망할 법한 상황에도 결코 포기하지 않고 두려워 말고 꿈을 꾸라는 메시지를 자신의 삶으로 몸소 보여주신 거죠. "인생에서의 성공은 꿈꾸는 자의 몫이다"라는 문장도 제게 큰 위로와 용기를 주었습니다. 취업 준비로 어렵고 힘들던 시절, 저는 그 문장의 힘으로 방황하거나 쓰러지지 않고 다시 일어설 수 있었습니다.

꿈이란 건 대체 뭘까요? 우리는 그 한 단어에 참 많은 의미를 두며 살아갑니다. 꿈의 모양과 크기는 사람마다 제각각 달라도 공통점이 한 가지 있다면 앞으로 되고 싶거나 가지고 싶은 걸 꿈꾼다는 점이죠. 어릴 적 장래희망처럼 말입니다.

다른 분들처럼 저 역시 어릴 때 많은 꿈을 꾸었습니다. 당연한 일이겠지만, 그때 꾸었던 꿈은 거의 이루지 못했죠. 대신 어릴 땐 미처 생각하지 못한 새로운 꿈을 지금은 이루었습니다. 바로 글을 쓰고 문장을 나누며 살아가는 삶입니다. 사실 어릴 적 장래희망 중에 작가라는 꿈은 없었습니다. 대학생 때도 진지하게 생각해본 적이 없었죠. 남들처럼 평범한 학창 시절을 보내고 평범하게 점수에 맞춰 학교에 진학했으며, 군대에 가고 졸업을 하고 취업 전선에 뛰어들고 회사에 들어가 정신없이 바쁜 평범한 하루하루를 살았거든요.

그런데 지금 저는 좋은 책과 문장을 사람들과 나누는 '책 읽어주는 남자'로, 몇 권의 책을 낸 작가로 살아가고 있습니다. 지금의 꿈을 이루게 된 것은 몇 년 전까지만 하더라도 상상도 못 했던 일이죠.

"승환아, 너는 꼭 작가가 됐으면 좋겠구나."

스무 살 무렵, 저를 아껴주셨던 한 수녀님께서 해주신 말씀이 지금도 가끔 생각납니다. 책 속에 있는 좋은 문장을 모으고 그걸 사람들과 나누는 일을 좋아하는 저를 보고 그런 말씀을 해주신 거죠. 하지만 당시에는 그 말을 진지하게 생각하지 않았습니다. 작가가 된다는 건 도저히 엄두가 나지 않았기 때문입니다. 자신이 없었죠. 하지만 어느 순간 저는 제 마음속 깊은 곳에 글을 쓰고 싶고 작가가 되고 싶다는 꿈이 있다는 걸 깨닫게 됐고, 마침내 용기를 내서 글을 쓰기 시작했습니다.

만약 제가 지금까지 용기를 내지 못했다면 어땠을까요? 아마 지금의 저는 없었겠죠. 이처럼 우리가 꿈을 꿀 때는 정말 중요한 게 하나 있습니다. 바로 자기 꿈에 지레 겁먹지 않고 용감하게 도전해야 한다는 거죠.

> 당신이 할 수 있는 가장 큰 모험은 당신이 꿈꾸는 삶을 사는 것이다.

미국의 방송인 오프라 윈프리는 이렇게 말한 적 있습니다. 가난과 폭력으로 점철된 고통스러운 어린 시절을 보냈던 그는 트라우마를 극복하고 끊임없는 도전을 통해 마침내 자기 꿈을 이뤘습니다. 지금은 자신처럼 불우한 처지에 놓인 많은 이에게 희망과 용기를 주며 선한 영향력을 펼치고 있지요.

역사상 가장 용감했던 모험가 중에 크리스토퍼 콜럼버스가 있습니다. 그에 관한 가장 유명한 이야기는 바로 '콜럼버스의 달걀' 일화입니다. 어느 날, 한 만찬에 참석한 콜럼버스에게 누군가 시비를 걸어왔습니다. 단지 운이 좋아 먼저 신대륙을 발견했을 뿐, 자신도 얼마든지 똑같은 업적을 쉽게 이룰 수 있었을 거라고 말했죠. 그러자 콜럼버스는 식탁 위에 있던 달걀을 집어 들고 이렇게 말했습니다. "여기 달걀이 하나 있습니다. 누구든 식탁 위에 이 달걀을 세울 수 있는 분이 계실 까요?"

많은 사람이 도전했지만 달걀은 여기저기 식탁 위를 계속 굴러다녔고, 결국 누구도 세울 수 없었습니다. 그러자 콜럼버스는 가만히 달걀을 집어 들고 끝부분을 살짝 깬 다음 달걀을 세웠습니다. "자, 이제 여러분 모두 달걀을 세울 수 있겠죠. 하지만 아무리 쉬워 보이는 일도 그것을 맨 처음 이루는 것은 어렵습니다."

원래 이 이야기는 콜럼버스의 일화가 아니라고 전해지지만, 우리는 여기서도 중요한 교훈 하나를 배울 수 있습니다. 꿈은 그저 머릿속으로만 상상해서는 안 되고 직접 행동으로 옮겨야 한다는 것이죠. 용기를 갖고 기꺼이 모험을 감수하는 사람, 꿈을 이루러 실천하는 사람만이 그걸 현실로 만들 수 있기 때문입니다.

우리는 모두 꿈을 꿉니다. 꿈꾸는 삶을 살고 싶어 합니다. 하지만 그저 생각하는 데만 그친다면 꿈은 언제까지나 꿈으로만 남아 있겠죠. 중요한 건 직접 그런 삶을 살려는 의지입니다. 여러 고난 속에서도 자기 꿈을 이루기 위해 기꺼이 모험을 감수했던 콜럼버스나 오프라 윈프리처럼 말이죠. 꿈을 단번에 이루는 사람은 거의 없습니다. 그저 한 걸음씩 묵묵히 앞으로 나가다 보면 마침내 큰 결실을 맺게 되는 것이죠. 중요한 것은 지치지 않고 꾸준히 꿈을 꾸고 실천에 옮기는 겁니다. 결승점을 향해 한 걸음씩 멈추지 않고 나아가는 마라토너처럼 말입니다.

그런데 주변을 둘러보면, 어떤 꿈을 꾸어야 할지조차 잘 모르겠다고 고백하는 사람을 종종 만나게 됩니다. 그럴 수 있습니다. 저 역시 그랬던 시기가 있었으니까요.

사실 우리는 너무나도 잘 알고 있습니다. 가장 훌륭한 가르침은 이미 우리 마음속에 있으며, 다만 한 걸음을 내디딜 용기가 없어서, 또는 아직 계기가 없어서 미처 실천에 옮기지 못하고 있을 뿐이라는 것을요. 살아가다 보면 멘토나 롤 모델이 필요할 때도 있습니다. 물론 좋은 멘토나 롤 모델은 우리에게 올바른 삶의 방향을 제시해주고 노하우를 알려주기도 합니다. 하지만 저는 굳이 그런 존재가 없더라도, 또는 그런 존재가 있어도 그들의 조언을 무조건 좇을 필요는 없다고 생각합니다.

정말 중요한 건 그 조언을 자기 상황에 맞게 적용해 온전한 '내 것'으로 만드는 겁니다. 누군가 앞서 걸어간 길이 아무리 훌륭하고 좋아 보여도, 그 길이 모두에게 똑같이 좋으리라는 보장은 없습니다. 오히려 정반대의 길이 내게 맞을 수 있죠.

어떤 훌륭한 조언을 듣더라도 우리는 결국 자신의 길을 개척해야 합니다.

항상 꿈을 꾸며 살아야 합니다. 그것도 자신만의 꿈을 꾸어야 합니다. 남들의 시선을 의식하지 않고 진짜 자신이 바라는 꿈을 말이죠. 설령 남들이 말하는 길이 훨씬 정돈되고 깔끔해 보이고, 내가 가고 싶은 길은 험난하게 보이더라도, 때로는 기꺼이 모험을 감수할 줄 알아야 합니다. 행복은 그저 남을 따라 해서 얻을 수 있는 게 아니니까요.

당당하게 꿈꾸라.
어떤 꿈이든 좋으니 마음껏 상상하라.

거창한 꿈을 꾸라는 게 아니다.
사랑하는 친구나 연인을 만나
매일 차 한잔 나누며 웃는 것도
보람찬 하루 일과를 마치고
편히 잠자리에 눕는 것도
얼마든지 꿈이 될 수 있다.

당신이 어떤 꿈을 꾸든
매일 그 꿈을 이뤄가는 행복을 만끽하기를.

삶은
기억이다

"나를 꼭 기억해주었으면 해요. 내가 존재해서 이렇게 당신 곁에 있었다는 사실을 언제까지라도 기억해줄래요?"

"물론 언제까지라도 기억하지" 하고 나는 대답했다.

무라카미 하루키의 『상실의 시대』에서 주인공 와타나베와 나오코는 이런 대화를 나눴습니다. 누구나 이렇게 언제까지고 기억하고 싶은 순간이 있을 겁니다. 그런데 왜 우리는 이처럼 지나간 시간을 기억하며 기쁨과 슬픔, 애틋하고 그리운 감정들을 느끼는 걸까요? 아마도 우리가 시간을 쉽게 붙들수 없기 때문이겠죠. 소중한 순간을 오래도록 기억하고 싶지만, 내 뜻과 상관없이 시간은 흘러가고 기억도 점점 왜곡되고 흐릿해지니까요. 다음과 같은 와타나베의 말처럼 말이지요.

나는 너무나 많은 것들을 이미 잊어버렸다. 이렇게 기억을 더
듬으면서 글을 쓰고 있으면 나는 가끔 몹시 불안한 기분에 휩싸
이고 만다. 어쩌면 내가 가장 중요한 부분의 기억을 상실해버린
것이 아닌가 하는 생각이 문득 들기 때문이다.

누구에게나 평생 잊고 싶지 않은 기억이 있습니다. 저도 그
런 일이 하나 있습니다. 바로 어린 시절, 울릉도에 계셨던 할
머니 댁에서 보냈던 기억입니다.

이제는 많이 흐릿해졌지만, 그 시절은 제 기억에 이런 이미
지로 남아 있습니다. 아침이면 새가 지저귀고, 풀과 꽃과 나
무의 향기 속에서 자유롭게 뛰어놀았던 장면들이죠. 그곳에
선 따로 알람 시계도 필요 없었습니다. 경쾌한 새소리와 따스
한 햇살이 천천히 저를 깨워주었거든요. 잠에서 깨면, 가만히
툇마루에 앉아 제게 다가오는 것들에 집중했습니다. 조그만
마당 곳곳에 핀 형형색색 영산홍과 이름 모를 꽃과 나무의 향
기가 은은하게 다가왔습니다. 나비와 벌과 풀벌레의 부산한
움직임도 하나둘 눈에 들어왔지요. 그러자 고요하게만 보였
던 마당은 이제 온갖 사물이 역동적으로 살아 숨쉬는 장소가
됐습니다. 모두가 제게 반갑게 아침 인사를 건네는 것 같았습

니다.

그곳에서 보낸 나날은 모든 순간이 아름답고 평화로웠어요. 마치 회오리바람에 휩쓸려 마법의 나라 오즈에 도착한 도로시가 된 기분이었죠. 낮이면 제 몸집만 한 고무대야를 들고 참새를 쫓기도 했고, 풀벌레를 잡으러 하루 종일 풀밭에서 뒹굴기도 했습니다. 나무와 꽃과 풀도, 강아지와 고양이도, 햇살과 바람도 좋은 친구가 되어주었지요. 지금은 하늘나라에 계시는 할머니와 함께했던 시간이었기에 더욱 그립고 찬란하게 빛나는 순간으로 남아 있는 것 같습니다.

할머니가 돌아가신 뒤, 한동안 그곳을 찾지 않았습니다. 그러다 성인이 되고 오랜만에 다시 울릉도를 찾은 적이 있습니다. 기억과 많이 달라졌을까 걱정했는데, 역시나 그렇더군요. 기억이 듬성듬성 구멍이 뚫린 듯했어요. 아무래도 어린 시절 느꼈던 충만함과는 거리가 멀었습니다. 거리도 굉장히 낯설게 느껴져서 조금은 실망도 했지만, 이내 그것을 받아들이게 됐습니다. 시간이 흐르고 세월이 지나 달라진 울릉도의 풍경 또한 어린 시절과는 또 다른 아름다움으로, 새로운 추억으로 남게 되리라는 것을 깨달았기 때문이지요. 소설가 가브리엘 G. 마르케스는 자서전인 『이야기하기 위해 살다』에서 이렇게 말합니다.

삶은 한 사람이 살았던 것 그 자체가 아니라, 현재 그 사람이 기억하고 있는 것이며, 그 삶을 얘기하기 위해 어떻게 기억하느냐 하는 것이다. (……) 삶은 기억이다.

저절로 미소가 지어지는 행복한 날의 기억, 가슴 아픈 순간의 기억, 여행지에서 설레던 마음. 이런 수많은 기억으로 이루어진 것이 바로 우리 인생이라는 거지요.

행복한 삶은 그중에서도 소중한 기억이 많은 삶일 겁니다. 그리고 소중한 기억을 많이 갖기 위해서는 결국 우리 눈앞에 주어진 순간순간에 충실하게 살아야 합니다. 사랑하는 사람과 함께하며, 가장 즐거운 일을 하고, 순간순간을 모조리 다 기억에 남기고 싶은, 그런 삶을 살아야 합니다. 다른 어떤 순간이 아닌 바로 지금 말이지요.

삶은 내 마음과 같지 않게
좋은 기억만 남겨두지 않습니다.
때론 아프고 힘들었던 시간과
답답하고 숨 막혔던 순간이 계속 떠오르며
우리를 흔들어놓거든요.

행복한 기억이 우리를 감싸줄 겨를도 없이

숨 가쁘게 바쁜 세상 속으로
떠밀리기도 합니다.
좋은 기억만 떠올리려 애써보지만
생각처럼 잘 되지 않지요.

그럴 땐 지나간 시간에 얽매이지 말고
바로 지금, 오늘을 충실하게 살아보는 건 어떨까요.
매일 반복되는 지금이 바로
시간이 지나면 우리의 또 다른 기억이 될 테니까요.

당신의 삶이 늘 아름답고 찬란한 순간으로
가득하기를.
그리고 다시 그것을
소중하고 빛나는 기억으로 간직하며
힘차게 하루하루를 살아내기를.

살아 있는 관계,
살아 있는 추억

사람은 추억을 먹고 산다는 말을 들어본 적이 있을 겁니다. 추억에는 묘한 매력이 있어서 그걸 다른 사람과 나누면 나눌수록 인생은 풍성해지죠. 꼭 좋은 일만 추억이 되는 건 아닙니다. 때로는 괴로움이나 상처를 남긴 나쁜 일도 시간이 흐르면 추억이 되니까요. 그렇게 우리는 하루하루 많은 추억을 만들며 살아갑니다.

추억은 마치 보물 상자 같습니다. 열었을 때 뭐가 나올지는 모르지만, 아무튼 우리를 웃음 짓게 하는 소중한 것들이 담겨 있죠. 지금 어떤 보물 상자, 어떤 비밀 서랍을 가지고 있나요? 저는 특히 유년 시절의 추억이 많은데요. 그 마음을 정확히 알아준 시가 한 편 있습니다. 바로 이해인 수녀님의 「추억일기 2」라는 시입니다.

하루에도 몇 번씩
서랍을 열 때마다
문득 그리워지는
내 유년의 비밀 서랍

비밀 서랍을 만든 것은
누군가 봐주길 바라는
허영심 때문이었을까?

인형의 옷을 해 입힐
색종이와 자투리 헝겊
미래의 꿈과 동요가 적힌
공책과 몽당연필이
가득 들어찼던

내 어린 시절의 서랍은
어둠조차 설렘으로 빛나던
보물 상자였는데

많은 세월이 지난 지금

내 서랍 속엔

쓸모없는 낙서와 먼지

내가 만든 근심들만

수북이 쌓여 있다

현실에서 끊임없이 밀려오는 근심 걱정 하나 없이, 티 없이 맑고 행복했던 시절. 두 번 다시 돌아갈 수 없는 그 시절이 지금도 종종 그립습니다. 그저 주변 모든 것이 신기했고, 아주 작은 일에도 크게 웃고 떠들었으며, "어둠조차 설렘으로 빛나던" 나날이었는데, 왜 지금 제 서랍 속에는 근심만 수북이 쌓여 있을까요?

그런 현실의 고달픔을 위로해주는 것도 바로 추억인 것 같습니다. 지난 일을 아름다운 이야깃거리로 만들어 현재를 잘 살아갈 수 있도록 활기를 불어넣고, 다시 미래로 힘차게 나아갈 수 있도록 격려하죠. 용기만 잃지 않는다면 나를 힘들게 했던 추억에서도 새로운 깨달음과 에너지를 얻을 수 있습니다. 그렇다면 우리는 그런 추억을 어떻게 대해야 할까요? 저는 한 소설을 읽다가 이런 문장을 만났습니다.

안 만나는 사람은 죽은 거나 다름없는 거야. 가령 추억 속에 살아 있다고 해도, 언젠가는 죽어버려. 이 세상에는 무슨 일이든 생길 수 있잖아. 지금은 너하고 이렇게 손잡고 있지만, 손을 놓고 헤어지면, 두 번 다시 못 만날 가능성도 있는 거잖아? 아무튼 내가 하고 싶은 말은 좋아하는 사람하고는 계속 만나야 한다는 거야. 무슨 일이 있어도.

가네시로 가즈키의 『연애 소설』이라는 작품에 나오는 문장입니다. 나오키상 최연소 수상 작가로, 개인적으로 참 좋아하는 소설가인데요. 특히 저는 앞선 구절을 가장 좋아합니다.

그는 살아가면서 필요한 게 추억만이 아니라고 말합니다. 중요한 것은 그것을 현재로 만드는 일, 즉 추억을 함께 만들어갈 사람에게 최선을 다하는 것이죠. 좋아하는 사람이 있다면 그 사람과 계속해서 추억을 만들고, 서로에게 살아 있는 사람이 되기 위해 온 힘을 다해야 합니다.

우리가 떠올리는 추억에는 두 가지가 있습니다. 하나는 더는 만나지 않는 사람과의 '죽은 추억'이고, 다른 하나는 계속 만나고 관계를 맺는 사람과의 '살아 있는 추억'입니다. 둘 중에서 우리의 삶을 보다 건강하고 풍성하게 만들어주는 것은 무엇일까요? 당연히 후자입니다.

좋아하는 사람하고는 계속 만나야 합니다. 그래야 추억을 매개로 이야기를 나누면서 계속 새로운 추억을 쌓아갈 수 있으니까요. 우리는 이처럼 살아 있는 관계를 맺기 위해 늘 노력해야 합니다. 서로 노력하지 않으면 언제든 죽은 관계가 될 수 있습니다. 한때 아무리 가깝고 사랑하며 아꼈던 관계라도 말이지요.

최근에 옛 친구의 어머니께서 돌아가셔서 장례식장에 다녀온 적이 있습니다. 오랫동안 보지 못해 아주 가까운 사이라고 할 수는 없었지만, 그 헤아리기 힘든 슬픔을 알기에 친구를 위로하기 위해 무거운 마음을 이끌고 빈소로 향했습니다. 그곳에서 오랜만에 마주한 친구의 얼굴은 창백했지만 담담했던 것 같습니다. 조의를 표한 후 장례식장 한편에 앉아 있는데, 얼마 지나지 않아 친구가 다가왔습니다.

"승환아, 고맙다."

절 보며 방긋 웃어주는 모습에 여러 감정이 들어 어떻게 말을 할까 고민하던 찰나, 친구가 다시 이렇게 말했습니다.

"진짜 오랜만에 보네. 이렇게라도 살아 있는 거 봤으니 됐다."

비록 잠깐이지만 서로 이런저런 이야기를 나누고 헤어졌는데, 그중에서도 유독 "살아 있는 거 봤으니 됐다"라는 말은 지금까지도 머릿속에 계속 머물러 있습니다.

그렇습니다. 서로 살아 있는 모습을 보는 것이 중요합니다.

164

우리는 너무도 당연하게 소중한 이들을 언제든 볼 수 있다고 여기지만, 정작 만나지 않으면 정말 살아 있는 관계라고 할 수 없습니다. 관계를 맺을 때 가장 중요한 것이 바로 만남이라는 것을, 저는 가네시로 가즈키의 문장과 앞서 언급한 친구와의 일을 통해 더 선명하게 깨달았습니다.

그저 핸드폰에 저장되어 있거나 SNS 친구 목록에 들어 있는 수많은 사람의 이름들. 어쩌면 오늘날 우리에게는 이처럼 서로 만나지 않는, 죽은 거나 다름없는 관계가 훨씬 많은 건 아닐까 하는 슬픈 생각도 듭니다. 언제 어디서나 쉽게 메시지를 주고받고 '좋아요'를 누를 수 있지만, 그것보다는 직접 만나 얼굴을 보며 이야기 나누고 또 온기를 나누는 일이 중요하지 않을까요? 그 편이 우리의 삶을 좀 더 살아 있는 것으로 만들어주지 않을까요?

지금 어떻게 하루를 보내고 계신가요? 말로만 언제 만나자, 언제 밥 한번 먹자, 이렇게 말하며 살아가지는 않나요? 저 역시 이런 빈말을 버릇처럼 던진 적이 많은데, 이제는 정말 소중한 사람이 있다면 서로 살아 있는 사람으로 대하려는 노력이 필요하다는 생각이 듭니다. 그저 연락만 하는 게 아니라 실제로 만나는 것이지요.

만남에는 큰 결심이 필요합니다. 그저 문자 한 통, 전화 한

통의 수고와는 비교할 수 없어요. 준비하는 시간, 만나러 가는 시간, 만나서 함께하는 시간 등 많은 시간을 그 사람을 위해 쓰는 거니 정말 소중할 수밖에 없습니다. 누군가가 만나자고 하는 것은 그런 수고를 기꺼이 감수하는 일입니다. 정말 만나고 싶은 사람은 무슨 일이 있어도 만나겠다는 자세가 우리에겐 필요하죠. 물론 이를 위해 감수해야 할 일도 많지만, 훨씬 더 많은 것을 얻을 수 있습니다. 바로 소중한 사람과 서로 말을 나누고 온기를 나누며 차곡차곡 추억을 쌓는 것 말입니다. 즐겁고 좋은 일뿐 아니라 힘들고 나쁜 일도 그렇게 함께 겪어내면 좋은 추억이 됩니다.

호메로스의 대서사시 『오뒷세이아』에는 이런 문장이 있습니다.

친구들이여, 우리는 재앙에 관한 한 결코 무지한 편이 아니오. 생각하건대 이번 일도 언젠가는 우리에게 추억이 될 것이오.

『오뒷세이아』는 트로이 전쟁의 영웅 오디세우스가 고향에 돌아가기 위해 무려 10년이나 바다를 떠돌며 펼친 모험담을 그린 대서사시입니다. 그들은 그 오랜 여정에서 온갖 우여곡절을 겪게 되는데, 앞선 문장은 모든 것을 파괴하는 소용돌이 괴물인 카리브디스와 머리가 여섯 개 달린 식인 괴물 스킬라 사이에 낀 진퇴양난에서 간신히 탈출한 뒤 동료들을 달래기 위해 꺼낸 말이었습니다. 지금도 서양에서는 우리의 진퇴양난, 사면초가와 같은 뜻으로 "스킬라와 카리브디스 사이에 끼었다"라는 표현을 쓴다고 합니다.

이처럼 목숨의 위협을 받을 만큼 힘겨운 상황을 지나온 사람에게도 위로가 될 수 있는 말이 바로 추억입니다. 어려움을 극복하면서 이 모든 게 추억이 될 거라며 용기를 북돋는 오디세우스의 말은 삶을 좀 더 긍정적으로 바라보게 만드는 힘이 있는 것 같습니다.

추억은 잘 공간화되어 있을수록 그만큼 더 단단히 뿌리박아 변함없이 존재하게 된다.

철학자 가스통 바슐라르는 『공간의 시학』이라는 책에서 추억에 대해 이렇게 말합니다. 단단히 뿌리박은 변함없는 관계라는 것은 결국 서로 같은 공간에서 얼마나 많은 시간을 함께하느냐가 좌우합니다.

이런 맥락에서 관계는 늘 동사가 되어야 한다고 생각합니다. '가족' '친구' '연인' 이런 명사에서 그치는 것이 아니라, 서로 함께할 수 있는 다양한 공간을 끊임없이 만들고 공유할 때 비로소 살아 있는 관계가 되는 것이지요. 그러지 않으면 그 어떤 중요한 관계도 결국 의미를 잃고 맙니다. 얼굴을 보며 식사 한 끼 제대로 나누기 어려운 가족, 서로 깊은 속마음을 이야기하지 않는 친구나 연인 관계가 무슨 의미가 있을까요?

중고등학생 시절, 저는 아버지와 관계가 조금 서먹했습니다. 아버지께서 회사 일로 인해 지방으로 근무지를 옮겨 다니게 되어, 겨우 한 달에 한 번 얼굴을 뵐 수 있었죠. 그래서일까요. 늘 인자하게 웃으며 좋은 말씀을 해주시는 아버지였지만, 어린 시절의 저는 왠지 모를 거리감을 느꼈습니다. 가끔 아버지가 "아들, 얘기 좀 하자"라고 말을 거서도, "딱히 할 얘기가 없는데요……"라고 무뚝뚝하게 대답할 뿐이었죠.

아버지와 관계가 좋아진 것은 서로 조금씩 노력하며 함께하는 시간을 늘리고 관심사를 공유하면서부터입니다. 일부러 시간을 내서 같이 식사하는 시간도 늘리고, 캠핑도 다니면서 새롭게 추억을 쌓아나간 거죠. 그제야 저는 아버지의 깊은 속 이야기를 들으며 조금씩 그 마음을 헤아릴 수 있게 됐고, 제가 느꼈던 감정도 솔직하게 이야기할 수 있었습니다. 그렇게 추억을 만들어간 덕분에 지금은 즐겁게 이야기할 수 있는 일화도 많고 서로 대화도 잘 나누게 됐습니다.

이처럼 소중한 사람과의 추억은 꼭 과거의 것만은 아닙니다. 지금도, 그리고 앞으로도 얼마든지 만들어갈 수 있습니다. 가깝다고 생각하는 관계일수록 추억을 계속 만들고 쌓아가야 합니다. 그리고 그렇게 추억을 만들어가기 위해서는 무엇보다 계속해서 만나고 대화를 나누며 그 관계를 살아 있는 것으로 만들려는 노력이 필요합니다.

우리가 살아가는 오늘도 먼 훗날 좋은 추억으로 남을 수 있도록, 지금 곁에 있는 사랑하는 사람들과 가능한 한 즐겁고 행복한 추억을 계속해서 쌓아가면 좋겠습니다. 추억은 오직 살아 있는 사람들의 전유물이자 축복이니까요.

문득
떠오르는 얼굴

문득 떠오르는 것들이 있습니다. 그리움이나 외로움, 기쁨과 슬픔 같은 감정일 때도 있고, 사람이나 추억, 욕망 같은 것일 때도 있죠. 어쩌면 그렇게 문득 생각나는 것들이 있어서 우리가 더 잘 살 수 있는지도 모르겠습니다. 마치 깜빡 잊고 있던 일정을 알려주는 휴대폰 알람처럼 우리가 내면에서 어떤 감정을 느꼈는지, 또 간절하게 바란 건 무엇인지 일깨워주기 때문입니다.

제가 주로 떠올리는 것은 사람들의 얼굴입니다. 좋아하고 아끼는 이들이죠. 그런데 저만 그런 건 아닌 것 같아요. 특히 사랑을 다룬 시에 문득이란 단어가 많이 쓰인 것을 보면 말이죠. 이 단어에는 묘한 느낌이 있습니다. 떠올리기만 해도 무언가 가슴이 뭉클해지고 머릿속엔 옛 기억이 뭉게뭉게 떠오르거든요. 책을 읽다가 이 단어를 발견하게 되면, 저는 곧바로 그리운 이들과의 추억에 잠겨듭니다.

혹시 예쁜 것을 보거나 맛있는 음식을 먹을 때 누군가를 떠올리신 적이 있나요? 그렇다면 이 시가 꽤나 마음에 와닿을 것 같습니다.

문득 아름다운 것과 마주쳤을 때
지금 곁에 있으면 얼마나 좋을까 하고
떠오르는 얼굴이 있다면
그대는 사랑하고 있는 것이다

그윽한 풍경이나
제대로 맛을 낸 음식 앞에서
아무도 생각하지 않는 사람
그 사람은 정말 강하거나
아니면 진짜 외로운 사람이다

종소리를 더 멀리 내보내기 위하여
종은 더 아파야 한다

이문재 시인의 「농담」이라는 시입니다. 사람과 관계를 아름다운 언어로 표현한 시이지요. 이 시가 말하는 것처럼, 맛있는 요리를 함께 먹고 싶고 그럴 수 없으면 사진이라도 찍어 공유하고 싶은 누군가가 있다는 것은 정말 행복한 일입니다. 연인, 가족, 친구 등 문득 떠오르는 사람이 많다는 건 지금 충분히 사랑하며 잘 살아가고 있다는 뜻일 테니까요.

저는 특히 아름다운 것, 맛있는 음식 앞에서 떠오르는 얼굴이 없다면 정말 강하거나 진짜 외로운 사람이라는 표현이 마음에 와닿았습니다. 건조하고 메마른 일상을 살아가느라 아름다운 것을 마주해도 누군가를 떠올리지 못하는 자신을 발견할 때 문득 서글퍼졌던 적이 있기 때문입니다. 또한 "종소리를 더 멀리 내보내기 위하여 / 종은 더 아파야 한다"라는 문장은 살아가면서 아무리 힘들고 지칠 때에도 문득 떠올릴 것들이 필요하다는 사실을, 설령 그것이 외로움이나 아픔이라 할지라도 의미와 가치가 있다는 사실을 일깨워주었습니다.

저는 시 읽는 것을 무척 좋아합니다. 마치 새소리와 풀벌레 소리만 들리는 고요한 숲속에 있는 것처럼 마음이 평온해지기도 하고, 가만히 음미하다 보면 문득 영감이 떠오를 때가 많습니다. 소설도 영화도 아니고 왜 시를 읽을 때 그런 기분이 들까 궁금했는데, 언젠가 허수경 시인의 에세이 『너 없이

걸었다』에서 이런 문장을 읽고 '아, 이래서 그랬구나' 하고 깨
달은 적이 있습니다.

시를 읽는 시간은 이런 시간이다. 잃어버린 줄 알았던 것이
돌아오는 시간. 그 시간을 새로 발견하고 그 시간으로 돌아가보
는 것.

저는 2012년부터 지금까지 〈책 읽어주는 남자〉를 운영하
며 SNS에서 사람들과 좋은 문장을 나누고 책을 소개하는 일
을 하고 있습니다. 제게 위로를 주었던 좋은 문장을 다른 사
람과 함께 나누고 싶은 마음에 시작했지요.

처음에는 짤막한 문장만 계속 올렸는데, 아무래도 뭔가 허
전하고 좀 더 문장에 집중할 수 있고 감성을 공감할 수 있도
록 도와줄 만한 게 뭘까 고민하다가 사진을 떠올렸습니다. 문
장과 잘 어울리는 사진을 함께 올려서 소개하면 글에 담긴 메
시지도 더 잘 공감할 수 있으리라 생각한 거죠. 그렇게 맨 처
음 사진과 함께 소개한 문장이 바로 정용철 시인의 「어느 날
문득」이라는 시입니다.

어느 날 문득
이런 생각이 들었습니다

나는 잘 한다고 하는데
그는 내가 잘 못하고 있다고
생각할 수도 있겠구나

나는 겸손하다고 생각하는데
그는 나를 교만하다고
생각할 수도 있겠구나

나는 그를 믿고 있는데
그는 자기가 의심받고 있다고
생각할 수도 있겠구나

나는 사랑하고 있는데
그는 나의 사랑을 까마득히
모를 수도 있겠구나

나는 떠나기 위해
일을 마무리하고 있는데
그는 더 머물기 위해
애쓴다고 생각할 수도 있겠구나

나는 아직도 기다리고 있는데

그는 벌써 잊었다고

생각할 수도 있겠구나

나는 이것이 옳다고 생각하는데

그는 저것이 옳다고

생각할 수도 있겠구나

내 이름과 그의 이름이 다르듯

내 하루와 그의 하루가 다르듯

서로의 생각이

다를 수도 있겠구나

이처럼 사람마다 생각이 다르다는 것을 알 때, 우리는 좀 더 좋은 관계를 맺을 수 있지요. 사실 감정이나 이해관계가 얽혀 있지 않으면 대부분의 관계는 좋습니다. 그런데 신기하게도 감정이나 이해관계가 얽히면 문제가 일어날 때가 많죠. 서로 심하게 부딪쳐서 감정이 상하고 관계가 틀어지는 경우도 생깁니다.

저 역시 관계에서 상처를 주고받는 일이 종종 있는데, 그때마다 이 시를 읽으며 위로를 받았습니다. 스스로 돌아보며

'내 생각이 다른 사람과 완전히 같을 수는 없겠구나' '좀 더 너그럽게 생각하자' 하고 마음속으로 제 나름의 기준도 세우게 됐지요.

우리는 매일 참 열심히 살고 있습니다. 물론 반복되는 일상에 지칠 때도 있고 힘든 일도 많지요. 그러나 반짝이는 작지만 소중한 순간들도 분명히 마주하며 살아가고 있습니다. 항상 좋은 일만 있을 수는 없겠지만, 문득 '아, 나 참 열심히 살고 있구나' 하는 생각이 든다면, 문득 주변에서 반짝이는 무언가를 발견했다면, 정말 너무나도 잘 살아가고 있는 겁니다.

어느 날 퇴근길에 거리의 가로수를 보며 이런 생각이 든 적이 있습니다. 서로 비슷한 모양으로 쭉 이어져 있는 가로수들이 마치 우리 삶과 비슷하다고 말이죠. 왠지 서글펐습니다. 모두 천편일률적으로 학교에 다니고, 사회생활을 하고, 가정을 꾸리며 살아가는 게 정말 좋은 삶일까 하는 생각이 들어서였죠. 쏠쏠해하며 계속 길을 걷는데, 길 위에 툭 튀어나온 가로수의 뿌리가 눈에 띄었습니다. 그러자 평소엔 눈에 보이지 않던 가로수의 뿌리 부분에 대해 생각하게 됐죠. 그렇습니다. 우리 눈에 보이는 가로수는 비록 전기톱과 가위에 깎여 모두 비슷한 모습을 하고 있지만, 땅속 깊은 뿌리만큼은 제각각 다른 모습으로 단단하게 자리를 잡고 있었던 것이지요.

우리의 모습도 이와 비슷하지 않을까요? 겉보기에는 사회의 기준에 맞춰져 비슷비슷한 모습을 하고 있지만, 내면은 제각각 다른 가능성을 품고 있으니까요. 뿌리만 단단하다면 앙상해진 가지나 잎은 언제든지 다시 자라날 수 있습니다. 우리 역시 내면에 지닌 무한한 가능성을 잘 찾아 기른다면, 저마다의 개성과 매력을 얼마든지 아름답게 꽃피울 수 있을 겁니다.

당신에게
문득 미소와 함께
떠올릴 사람이 있으면 좋겠습니다.

그리고 당신 역시
다른 이들에게 그런 존재였기를.

문득 그렇게 떠오르는 사람이 있고,
또 떠올려지는 사람으로 살았다면,
그것으로 충분히
괜찮은 삶일 테니까요.

깊은 밤,
우리를 찾아오는 것들

깊은 어둠 속에 파묻혀 있다. 쉽게 헤어날 수 없을 것 같은 깊은 적막 속에서 몸을 웅크린 채 물끄러미 바닥을 바라본다. 이렇게 어둡고 칠흑 같은 곳에서도 보이는 것이 있구나. 바닥은 검고 투명한 물속처럼 말끔하지만 그 깊이를 알 수가 없다. 함부로 발을 내디뎠다간 그 깊은 곳으로 한없이 떨어져버릴지 모른다. 조용히 어둠에 말을 건다. 언제쯤 이 밤이 끝나냐고. 언제쯤 이 외롭고 시린 마음에서 벗어날 수 있냐고. 그러나 밤은 여전히 아무 말이 없다.

밤은 매번 다른 모습으로 우리에게 다가옵니다. 어떤 때는 차갑고 매섭게, 또 어떤 때는 따스하게 다가오죠. 저는 밤이 되면 더 많은 생각이 떠오릅니다. 좋은 생각이든 나쁜 생각이든, 머릿속을 제멋대로 부산스레 오가죠. 그 생각들을 하나하나 붙잡으려다 보면 어느새 잠은 달아나고 눈만 말똥말똥해집니다.

사람의 눈동자만큼 깊은 어둠도 없다. 그 깊은 어둠이 없다면 눈빛도 살아날 수가 없다. 저 눈빛만 보고 있으면 살 수 있겠구나, 그렇게 되뇌다 보면 살아진다. 살아지는 삶이 살아가는 삶보다 더 어렵다. 살아지기 위해서는 반짝이는 눈빛과 더운 마음과 누군가의 손을 잡고 밤을 걸을 수 있는 용기가 필요하다.

한귀은 작가의 『밤을 걷는 문장들』에는 이처럼 밤에 대한 여러 글이 실려 있습니다. 특히 저는 이 문장을 좋아하는데요. 사람의 눈동자만큼 깊은 어둠도 없으며, 그 깊은 어둠으로 인해 눈빛이 살아날 수 있고 살아질 수 있다는 말에 위로받은 적이 있기 때문입니다. 밤이 깊어갈수록 달과 별은 더 반짝입니다. 그렇다면 우리 삶에도 어둠이 더해갈수록 더 밝게 반짝이고 가치 있는 것들이 있겠지요.

그중 한 가지가 바로 감수성입니다. 이상하게도 밤에는 감수성이 더 예민해지죠. 고요한 분위기 속에 가만히 잠겨 있으면 누군가의 얼굴이 떠오르기도 하고요. 그 얼굴을 떠올리는 표정은 때로는 외로움이나 그리움일 테고, 때로는 기쁨이기도 하겠죠. 유독 밤하늘에 달이 밝게 뜬 날 생각나는 시가 한 편 있습니다. 바로 김용택 시인의 「달이 떴다고 전화를 주시다니요」입니다.

> 달이 떴다고 전화를 주시다니요
> 이 밤 너무 신나고 근사해요
> 내 마음에도 생전 처음 보는
> 환한 달이 떠오르고
> 산 아래 작은 마을이 그려집니다
> 간절한 이 그리움들을
> 사무쳐 오는 이 연정들을
> 달빛에 실어
> 당신께 보냅니다
>
> 세상에,
> 강변에 달빛이 곱다고
> 전화를 다 주시다니요
> 흐르는 물 어디쯤 눈부시게 부서지는 소리
> 문득 들려옵니다

달이 떴다고 전화를 주시다니요, 이 한 문장만 가만히 되뇌어도 왠지 마음이 따뜻해지는 시입니다. 자칫 추위를 느낄 수 있는 밤에도 이런 시 한 편과 함께, 달이 떴다고 전화를 건네는 사람과 함께할 수 있다면 훨씬 포근한 시간을 보낼 수 있겠지요.

이처럼 밤은 사랑의 감정을 더 키워주기도 합니다. 사랑을 고백하는 편지 역시 대부분 낮이 아니라 밤에 쓰이지요. 저역시 그랬습니다. 마음에 둔 사람을 생각하며 이런저런 글귀를 일기장 한편에 적어두거나 마음을 담은 편지를 쓰기도 했죠. 그 대부분은 아침이 밝아오면 차마 읽기도 부끄러워 부칠 수 없었지만 말입니다. 이제는 그때의 감성을 다시 느낄 수 없겠지만, 그래도 그 불면의 밤들을 떠올리면 괜히 미소가 떠오릅니다.

지금도 저는 주로 밤에 글을 씁니다. 오랜 습관이라고 할 수 있는데, 밤만이 가지는 독특한 매력에 끌렸다고 할까요. 책을 읽거나 글을 쓰는 것도 낮과 밤의 느낌이 다릅니다. 물론 어떤 책은 깊이 빠져 새벽까지 읽기도 하고, 또 어떤 책은 몇 장을 넘기기 힘들어 금세 덮어버리기도 하지만요. 어느 쪽이든 그저 마음이 내키는 대로 해도 되는, 나만의 시간이라 할 수 있는 밤이 저는 너무 좋습니다.

언젠가 친구와 이런 이야기를 나눈 적이 있습니다. 한 권의 책을 읽는다는 건 사실 엄청난 노력이 필요하다고 말이죠. 가만히 보기만 하면 되는 영상과 달리 책장을 한 장 한 장 넘기는 일은 온전히 우리 자신에게 달려 있으니까요. 그래서 저는 책을 권할 때 굳이 한 번에 전부 다 읽어야 한다는 부담을 느낄 필요가 없다고 말합니다.

하루에 한두 쪽만 읽어도 좋고, 한두 문장도 좋습니다. 겨우 한 문장이지만 마음을 크게 움직였다면, 감동 없는 두꺼운 책 몇 권을 읽는 것보다 훨씬 가치가 있을 테니까요. 잠들기 전에 잠시 책을 펼쳐 들고 그런 문장 하나만 만날 수 있어도 좋을 것 같습니다. 깊어가는 밤, 잠 못 이루는 분들을 위해 시를 한 편 추천하겠습니다.

가끔 너를 찾아 땅속으로 내려가기도 했단다
저 침침하고도 축축한 땅속에서 시간의 가장자리에만 머물러 있던
너를 찾으려 했지

땅속으로 내려갈수록
저 뿌리들 좀 봐, 땅에는 어쩌면 저렇게도 식물의 어머니들이 작은 신경줄처럼 설켜서 아리따운 보석들을 빨랫줄에 걸어

두는데

저 얇은 시간의 막을 통과한 루비나 사파이어 같은 것들이

땅이 흘린 눈물을 받은 양 저렇게 빛나잖아

가끔 너를 찾아 땅속으로 내려가기도 했단다

사랑 아니면 아무것도 아니라는 세월 속으로 가고 싶어서

머리를 지하수에 집어넣고

유리처럼 선명한 두통을 다스리고 싶었지

네 눈에 눈물이 가득할 때

땅은 속으로 그 많은 지하수를 머금고 얼마나 울고 싶어 하나

대양에는 저렇게 많은 물들이 지구의 허리를 보듬고 안고 있나

어쩌면 네가 밤 속에 누워 녹아갈 때

물 없는 사막은 너를 향해 서서히 걸어올지도 모르겠어

사막이 어쩌면 너에게 말할지도 몰라

사랑해, 네 눈물이 지하수를 타고 올 만큼 날 사랑해줘

허수경 시인의 「밤 속에 누운 너에게」입니다. 1992년 독일로 이주한 뒤, 2018년에 세상을 떠나시기 전까지 꾸준히 작품 활동을 하셨죠. 이방인으로 살아가는 외로움과 그리움, 그

리고 사람과 고향에 대한 따스한 애정을 느낄 수 있는 시와 에세이를 많이 쓰셔서 제가 정말 좋아하는 작가입니다. 시인은 특이하게도 독일에서는 고고학을 연구하셨는데요. 그래서인지 이 시에 더 애정이 가더군요. 땅속 역시 밤과 같이 어두운 곳이지요. 하지만 눈물을 아리따운 보석처럼 품고 있는 침침하고 축축한 땅속 뿌리에서 희망을 보는 시인의 마음이 너무나도 따뜻하게 느껴졌습니다.

보통 밤에는 외로움이 더 절실하게 와닿습니다. 한낮에 세상 속에서 얽히고설켜 정신없이 살다가도 밤이 되면 대부분 혼자가 되니까요. 누군가 함께 있더라도, 결국 잠이 든 뒤에는 온전히 혼자가 됩니다. 그 밤에 몸을 뉘였을 때, 우리는 침침하고도 축축한 땅속에 들어간 것 같은 기분을 느끼게 됩니다. 지난 하루에 대한 아쉬움과 내일에 대한 두려움 같은 감정들과 함께 말이지요.

하지만 그렇게 깊은 밤에도 반드시 우리가 사랑할 것들, 그 어둠을 밝게 비추는 것들이 있다는 사실 또한 잊지 않으면 좋겠습니다.

이 밤, 외로움이 찾아오더라도
당신은 외로움을 이겨내고

달과 별처럼 아름답게 빛날 수 있습니다.
그렇게 밤하늘을 빛내는 달과 수많은 별을
우리는 기꺼이 친구로 맞이할 수 있지요.

그러니 너무 외로워하지 말고 기뻐하시길.
당신은 태어나고 살아 있다는 사실 하나로도
충분히 가치 있고 소중한 존재라는 걸,
이 밤만은 분명히 잘 알고 있을 테니까요.

지금
여기의 시간

"죽음을 기억하라!"

우리가 잘 알고 있는 '메멘토 모리'라는 라틴어 격언입니다. 사람이라면 누구도 피해갈 수 없는 것이 바로 죽음이지요. 중국의 진시황이나 이집트의 파라오 등 절대 권력을 휘둘렀던 이들도 불로장생을 꿈꿨지만, 결국 뜻을 이루지 못하고 죽음 앞에 무력하게 쓰러졌으니까요.

그런데 우리는 이런 사실을 잘 알고 있으면서도 평소에는 거의 무시하며 살아갑니다. 심지어 죽음의 문턱을 몇 번이나 넘나든 사람들도 말이죠. 모두 아득히 먼 일로만 여길 뿐 현실의 문제라고 생각하지 않습니다. 하루하루 사는 것만으로도 벅차거나, 굳이 마주하고 싶지 않기에 일부러 회피하는 것 같기도 합니다. 그저 나와 내 곁에 있는 사람들만 피해 가기를 바라면서요.

앞서 언급한 라틴어 격언은 과거 로마 시대에선 큰 전쟁을 마치고 돌아오는 개선장군을 맞이할 때 쓰였다고 합니다. 백마가 이끄는 전차를 타고 시민들의 환호를 받으며 시가행진을 할 때 옆자리에 노예를 태워 그 격언을 외치게 한 거죠. 아무리 큰 성공을 이룬 사람도 자만하지 말고 늘 겸손해야 한다는 지혜가 담긴 일화입니다.

그런데 죽음이 늘 곁에 있다는 사실은 부정적인 것만은 아닙니다. 우리에게 주어진 지금 이 시간의 소중함을 일깨워주기도 하니까요. 아무도 죽지 않고 영원히 산다면 어떨까요? 아마 삶의 가치는 크게 퇴색되고 말 겁니다. 뭔가를 하려고 애써 마음을 먹다가도, 굳이 지금 하지 않아도 나중에 얼마든지 할 수 있다며 미루게 될 겁니다. 결국 사람들은 하루하루 무의미하게 보내며 살아가겠죠. 사람에겐 끝이 있기에 우리는 현재를 소중히 여기며 살아갈 수 있습니다. 이렇듯 '지금 여기'의 중요성을 이야기할 때마다 소개하는 시가 한 편 있습니다.

두 번은 없다. 지금도 그렇고

앞으로도 그럴 것이다. 그러므로 우리는

아무런 연습 없이 태어나서

아무런 훈련 없이 죽는다.

우리가, 세상이란 이름의 학교에서

가장 바보 같은 학생일지라도

여름에도 겨울에도

낙제란 없는 법.

반복되는 하루는 단 한 번도 없다.

두 번의 똑같은 밤도 없고,

두 번의 한결같은 입맞춤도 없고,

두 번의 동일한 눈빛도 없다.

어제, 누군가 내 곁에서

네 이름을 큰 소리로 불렀을 때,

내겐 마치 열린 창문으로

한 송이 장미꽃이 떨어져 내리는 것 같았다.

오늘, 우리가 이렇게 함께 있을 때,

난 벽을 향해 얼굴을 돌려버렸다.

장미? 장미가 어떤 모양이었지?

꽃이었던가, 돌이었던가?

힘겨운 나날들, 무엇 때문에 너는

쓸데없는 불안으로 두려워하는가.

너는 존재한다―그러므로 사라질 것이다

너는 사라진다―그러므로 아름답다

미소 짓고, 어깨동무하며

우리 함께 일치점을 찾아보자.

비록 우리가 두 개의 투명한 물방울처럼

서로 다를지라도…….

비스와바 쉼보르스카의 「두 번은 없다」라는 시입니다. 1996년 노벨문학상을 수상한 폴란드 시인이지요. 이 시는 언제나 제게 묵직한 울림을 줍니다. 중요한 일을 미루고 싶다는 마음이 들 때, 저는 이 시를 떠올립니다.

반복되는 하루가 단 한 번도 없다면, 또한 똑같은 밤, 똑같은 입맞춤, 똑같은 눈빛이 없다면 우리는 그것들을 늘 처음처럼 최선을 다해 맞아야 합니다. 예컨대 사랑하는 사람을 대할 땐 익숙하고 편하다고 소홀하게 대할 게 아니라, 처음 반한 것처럼 배려하고 아끼며 자신의 감정을 진솔하게 표현해야 한다는 것이지요.

이런 이야기를 할 때면 부끄러운 기억이 하나 떠오릅니다. 대학생 시절, 날이 제법 쌀쌀해진 어느 가을날이었습니다. 모처럼 친구들과 시간과 장소를 정해두고 모이기로 했는데, 해야 할 과제가 있던 저는 근처 카페로 미리 나가 있었습니다. 그렇게 한참 과제를 하고 있는데, 갑자기 누군가 제 어깨를 두드리더군요. 모이기로 했던 친구 한 명이 카페에 있던 저를 발견한 거죠. 그렇게 그 친구와 함께 약속 장소로 갔고, 모두 모여 밥을 먹으러 나서려던 때였습니다. 먼저 카페에서 만났던 친구가 제게 말을 걸었습니다.

"승환아, 전에 너희 집 놀러 갔을 때 기억나?"

"응. 왜?"

"아버님이 우리들 한 사람 한 사람한테 악수를 건네는데, 손이 참 따뜻하시더라."

"뭐 그렇지. 그런데 그게 왜?"

뜬금없이 아버지 이야기를 꺼내는 친구가 의아했습니다. 그런데 이내 친구가 꺼낸 말에 제 얼굴은 벌겋게 달아올랐습니다.

"아니, 너 카페에서도 그렇고 지금도 계속 바지 주머니에 손 넣고 한 번도 안 빼더라고. 인사도 하는 둥 마는 둥 하고. 인마, 우리가 아무리 친하다지만 만날 땐 반가워 좀 해라."

부끄러웠습니다. 친하고 편하다는 이유로 소중한 이들을 대수롭지 않게 대했던 게 사실이니까요. 잠깐 만난 아들의 친구에게도 악수를 건네는 아버지의 따스한 손처럼 늘 진심 어린 마음으로 사람을 대해야겠다고 다짐했습니다.

앞서 쉼보르스카는 우리에게 두 번은 없다고 말했지만, 반대로 영원히 반복되는 삶을 이야기한 사람이 있습니다. 철학자 니체입니다. 『즐거운 학문』이라는 책에서 그는 영원회귀라는 개념을 통해 우리에게 중요한 질문을 던집니다.

네가 지금 살고 있고, 살아왔던 이 삶을 다시 한번 살아가야 하고, 또 무수히 반복해서 살아야만 할 것이다. 거기에 새로운 것은 없으며, 모든 고통, 쾌락, 사상과 탄식, 네 삶에서 이루 말할 수 없이 크고 작은 모든 것들이 네게 다시 찾아올 것이다. 모든 것이 같은 차례와 순서로. (……) 너는 이 삶을 다시 한번, 그리고 무수히 반복해서 다시 살기를 원하는가?

니체가 던진 이 질문은 시간의 무수한 반복을 말한다는 점에서 시간이 반복되지 않는다는 쉼보르스카의 말과는 완전히 반대의 것으로 보이지만, 사실 메시지는 같습니다. 니체가 말하는 영원회귀란 게임처럼 계속해서 과거로 돌아가 다른 선택을 할 수 있다는 뜻이 아니라, 지금의 선택이 바뀌지 않은 채로 계속해서 영원히 반복되어도 좋을 만큼 최선의 선택을 해야 한다는 뜻이기 때문입니다. 바로 '지금 여기'의 시간이 우리에게 유일하며 가장 중요하다는 뜻이죠. 아모르파티, 네 운명을 사랑하라는 니체의 가르침 또한 이러한 맥락에서 이해할 수 있습니다.

우리는 모두 지금을 살아갑니다. 단 한 명도 예외는 없습니다. 미래를 잘 준비하는 일도 물론 필요하지만, 삶이 놓여 있는 바로 지금 여기에서 너무 많은 것을 놓치고 살거나 희생을 감수한다면 그게 정말 행복한 삶일까요? 우리에게 남은 시간이 얼마나 될지는 어느 누구도 모르는데 말이지요.

현재에 충실하면서 가장 즐거운 일을 하고, 내 곁에 있는 사람들을 따뜻한 마음으로 대한다면, 그 삶은 분명히 아름답고 가치 있을 겁니다. 두 번은 없는 유일한 이 삶, 또는 영원히 반복되어도 좋을 바로 지금의 삶을 후회 없이 살아야 하지 않을까요?

이제 우리
내일의 일은 내일에 맡기고
오늘의 삶을 살아요.

내일의 걱정은 내일에 맡기고
오늘의 행복을 잡아요.

3부

손을 건네고,
건네진 손을 붙잡고

_ 나의 관계를 살피다

돌아보면
언제나 혼자였지만

세상에 혼자 남겨진 기분은 누구도 느끼고 싶지 않을 겁니다. 우리는 모두 관계 속에서 살아가기에 애정을 주고받을 사람이 없거나 타인에게 배려받지 못하면 큰 상처를 입고 박탈감에 시달리게 되죠. 내 진짜 모습을 알아줄 사람이 세상에 없다고 느낄 때에도 마찬가지입니다. 가족이나 친구가 곁에 있더라도, 그런 사람이 없으면 마음 한편이 계속 허전하고 외로워집니다.

이처럼 허무함과 외로움이 한없이 밀려올 때가 있습니다. 모든 일이 다 물거품처럼 의미 없이 느껴지고, 내 인생도 목적지 없이 강물에 떠내려가는 것 같은 기분이 드는 겁니다. 어떤 일을 하더라도 뒤돌아서면 혼자인 것만 같아서 어떤 위로도 와닿지 않고 버겁게 느껴집니다.

저도 그런 허무함을 느낄 때가 많았습니다. 사람들은 제게 늘 주변에 사람이 많아 외롭지 않겠다고 말하지만, 사람들과 시끌벅적 시간을 보낸 뒤 홀로 집으로 돌아오는 길은 언제나 쓸쓸했습니다. 사랑에 상처받아 다시는 누구에게도 마음 줄 수 없을 것 같던 때도 있었죠. 대학 시절 레크리에이션 강사로 활동했을 때도 그랬습니다. 무대 위에선 많은 박수를 받았지만 무대에서 내려오고 나면 곧바로 짙은 허무함에 시달렸습니다. 취업난에 시달리던 시절에는 제 자신이 세상에서 가장 쓸모없는 존재인 것처럼 여겨졌죠.

내 마음을 그 누구도 알아주지 않을 것 같던 나날. 아니, 나조차 내 마음을 모르겠어서 그 무엇도 위로가 안 되고 의미 없이 느껴지는 날들. 내가 사랑하는 사람도 나를 사랑해줄 사람도 없다고 느껴진 순간들. 그렇게 모든 게 허무하고 뭘 해도 혼자가 된 기분을 우리는 종종 마주하게 됩니다. 그렇게 외롭고 괴로울 때, 제 마음을 알아준 문장이 있습니다. 지금 그렇게 한없이 혼자라 느끼고 있을 당신에게 아래의 시가 조금이나마 위로가 됐으면 합니다.

돌아보면 언제나 혼자였지요.

나를 사랑한다고 다가오는 사람에게선 내가 물러났고 내가 사랑하는 사람에게 다가서면 그 사람이 자꾸 멀어지고 있었지요.

나에게서 물러선 그 사람에게 다시 다가서면 그 사람이 부담스러워 나를 피했고 내가 물러섰는데도 다가오는 이는 내가 피하고 싶어 견딜 수 없어 했지요.

늘 나를 사랑해주는 사람보다 내가 사랑하는 사람이 더 아름다웠던 것을.

내겐 늘 곁에 있어줄 수 있는 이보다 내가 곁에 있고 싶은 이가 필요했던 것을.

만나고 싶은 사람은 만나지지 않고 나를 만나고 싶다는 사람만이 자꾸 만나지는 인생의 쓸쓸함이여!

그러기에 나는 언제나 섬일 수밖에 없었지요.

돌아보면 늘 섬이 술을 마시고 있었지요.

섬이 왜 우는지 아무도 몰랐고 섬이 왜 술잔을 자꾸 드는지 아무도 물어주지 않았지요.

파도는 오늘도 절벽의 가슴에 부딪혀 옵니다.

절벽의 꽃에 오르지도 못하고.

이용채 작가의 「혼자일 수밖에 없던 이유」입니다. "나는 언제나 섬일 수밖에 없었지요. / 돌아보면 늘 섬이 술을 마시고 있었지요"라는 문장을 가만히 되뇌면, 마치 작가가 곁에서 술잔을 기울여주는 듯한 기분이 듭니다. 그 정도로 위로가 되었죠. 제 자신이 고립된 섬처럼 느껴질 때 다른 어떤 사람의 말보다 이 시가 제 마음을 알아주고 위로를 해주었습니다. 마치 이렇게 응원해주는 것 같았어요. 나도 비슷한 기분을 느낀 적이 있다고. 살다 보면 다들 그럴 때가 있지만, 이렇게 술잔을 기울이고 툭툭 털고 일어나면 된다고. 비록 우리 모두는 외딴 섬이지만, 또한 우리에겐 다른 섬으로 갈 수 있는 배가 있고 다리가 있다고. 결코 희망을 포기하지 말라고 말입니다.

다른 사람을 만날 기운이 없을 만큼 힘들 때, 내 마음을 꼭 알아주는 이야기나 문장을 만나면 조금이나마 힘이 납니다. 우리는 다른 시대나 다른 사람의 삶을 결코 살아볼 수 없지만, 책을 통해서는 이를 간접적으로 경험할 수 있죠. 아마도 이런 것이 독서의 가장 큰 힘일 겁니다.

어려운 일에 부딪혀 희망과 용기가 필요할 때마다 마치 주문처럼 되뇌면서 머릿속에 떠올리는 사람이 한 명 더 있습니다. 바로 피츠제럴드의 소설 『위대한 개츠비』의 주인공인 개츠비입니다.

그는 인생에서 희망을 감지하는 고도로 발달된 촉수를 갖고 있었다. 희망, 그 낭만적 인생관이야말로 그가 가진 탁월한 천부

적 재능이었다.

'잃어버린 세대Lost Gerneration'라는 말이 있습니다. 무수한 목숨을 앗아간 제1차 세계대전이 끝난 뒤 미국에 불어닥친 허무하고 쾌락적인 사회 분위기를 주도한 청년 세대를 말하죠. 미국의 소설가 거트루드 스타인이 그 말을 처음 사용했고, 헤밍웨이가 『해는 또다시 떠오른다』에서 "당신은 모두 잃어버린 세대의 사람들입니다"라는 문장을 써서 널리 쓰이게 됐죠. 전쟁 이후 절망과 허무 속에서 인생의 의미와 목표를 잃고 방황하는 세대가 등장하기 시작했고, 피츠제럴드, 헤밍웨이, 거트루드 스타인, 포크너, 에즈라 파운드 같은 내로라하는 예술가들이 바로 그 시대를 살았습니다.

그중에서도 피츠제럴드와 그가 창조해낸 개츠비는 단연코 시대를 대표하는 인물입니다. 모두가 허무한 쾌락만 탐닉하는 세상에서, 비록 환상이나 집착에 불과할지라도 희망과 사랑의 가능성을 죽을 때까지 포기하지 않았던 인물이죠. 한없이 외롭고 허무한 감정에 사로잡힐 때 어떤 현실에서도 희망을 찾아내는 개츠비를 떠올리면 왠지 위로가 됩니다. 만약 그가 눈앞에 있다면 술 한잔 함께 기울이고 싶을 정도로 팬입니다.

책은 아니지만, 이런 상상을 간접적으로 경험하게 해준 영화가 한 편 있습니다. 바로 우디 앨런의 「미드나잇 인 파리」입니다. 영화는 파리에 가게 된 주인공 길이 밤 12시에 산책을 하다가 갑자기 1920년대로 시간 여행을 하며 겪는 이야기를 담고 있습니다. 앞서 말한 헤밍웨이와 피츠제럴드 외에도 피카소, 모네, 드가, 고갱, 달리 등 위대한 예술가들이 활동했던 바로 그 시간이죠. 영화를 보는 내내 1920년대 파리의 아름다운 거리를 산책하고 잃어버린 세대를 대표하는 예술가들과 자유롭게 이야기를 나누는 주인공이 몹시도 부러웠습니다.

영화에 등장하는 수많은 예술가 중에서 저는 피츠제럴드의 친구였다가 훗날 앙숙이 된 헤밍웨이가 가장 매력적으로 느껴졌습니다. 강해 보이는 말투와 행동 속에 어딘가 여린 마음이 느껴졌다고 할까요. 특히 "세상에 나쁜 소재는 없소. 내용이 진실되고 문장이 간결하고 꾸밈없다면, 그리고 어떤 압력 아래에서도 용기와 품위를 잃지 않는다면"이라는 대사가 좋았습니다. 소란스럽지 않은 진심을 전하는 글을 쓰고 싶다는 제 태도에 깊은 영감을 주었죠. 영화를 보고 난 뒤 그의 소설과 에세이를 찾아보게 됐습니다. 그중에서 인상 깊었던 것이 바로 1920년대 파리에서의 생활을 그린 에세이『호주머니 속의 축제』입니다.

강변을 거닐 때면 조금도 외로운 줄을 몰랐다. 나무가 그토록 많은 도시에서 다가오는 봄을 눈으로 날마다 확인할 수가 있으며, 어느 날 밤 따스한 바람이 불고 아침이 오면 완연한 봄날을 맞게 된다. 때로는 차가운 비가 심하게 내려 봄을 쫓아버린 탓에 새 계절이 절대로 오지 않을 듯하고, 그러면 내 인생에서 계절을 하나 통째로 잃어버리겠다는 기분조차 든다.

퓰리처상과 노벨문학상을 수상한 대작가 헤밍웨이도 "인생에서 계절을 하나 통째로 잃어버리겠다는 기분"을 느낄 만큼 큰 외로움과 상실감을 느꼈던 것이죠. 당연합니다. 사람이라면 누구나 그런 기분을 느끼는 순간이 찾아오니까요. 우리 모두는 개별적인 존재이면서, 동시에 끊임없이 다른 누군가를 필요로 하고 누군가와 함께하지 않으면 결코 살아갈 수 없는 존재니까요.

그렇게 외로울 때에도 혼자 외롭지 않기를. 마음에 닿는 문장을 읽거나 혹은 영화든 음악이든 다른 어떤 예술이든, 당신의 그 마음이 누군가와 연결돼 있다는 것을 알기를. 당신이 외로울 때, 어딘가엔 함께 외로워할 누군가는 반드시 있으니까요. 그리하여 그 외로움을 견뎌내고 나면, 어느 때인가 작은 온기들이 다시금 당신 곁에 찾아올 테니까요. 더없이 추운

겨울이 지나가면, 그 뒤엔 거짓말처럼 봄이 찾아 오듯이 말이
지요.

그대 부디
혼자라 생각하지 말기를.
매일 쓸쓸하지 말기를.

아무리 심한 고독도
지금껏 잘 버텨왔고
아무리 격한 슬픔도
이제껏 잘 지나왔으니.

또한 그 시간 속에서
누군가는 당신을 위해 눈물 흘렸을 것이고
누군가는 기꺼이 어깨를 빌려주었을 터
당신에게 공감해준 사람과
당신이 공감한 이야기에 귀 기울이기를.

그리하여 우리 곁에 늘 누군가 함께 있고
기도해줄 사람이 있다는 사실을
당신 또한 누군가에게 따스한 사람이며

우린 그렇게 서로에게 온기를 나눠주며

함께 살아가는 존재라는 사실을

잊지 말기를.

착한 아이 노릇은
그만

항상 밝고 명랑하게 보이려 애쓰나요? 매번 다른 사람에게 양보하거나, 잘못하지도 않은 일에 사과한 적은 없나요? 모두에게 좋은 사람으로만 보이고 싶고, 조금이라도 미움을 받는 것이 두렵나요? 그렇다면 당신은 '착한 아이 콤플렉스'에 시달리고 있을지 모릅니다.

물론 착한 사람이 되고 싶다는 마음 자체가 나쁜 건 아닙니다. 오히려 당신은 다른 사람을 배려할 줄 아는 따뜻한 마음을 가진 좋은 사람일 거예요. 하지만 때로는 그런 마음이 자기 자신에게 나쁜 영향을 줄 수 있습니다.

저도 예전에는 그랬습니다. 사람들에게 미움받는 게 싫어서 다른 사람의 요구만 맞추려 애썼습니다. 거절을 못 해 늘 무리해서 일을 떠맡고, 힘들고 싫은 관계도 억지로 참으며 유지했죠. 하지만 결국 일과 관계 모두에서 지치고 상처만 받게 됐습니다. 누구도 그런 제 마음을 알아주는 사람은 없었죠. 정작 저에게 소홀하다 보니 자신을 잃어가는 것은 물론 남들과도 편하게 마음을 터놓지도 못해 가식적이고 형식적인 관계만 맺게 되더군요.

"너 착한 아이 콤플렉스구나?"

"그게 뭔데?"

"누구에게나 사랑받고 칭찬받고 싶고, 아무에게나 미움받거나 비난받고 싶지 않은 거."

"생각해보면 그런 것도 같다."

"넌 그냥 너야. 누가 널 사랑하지 않는대도 널 미워한대도 어쩔 수 없어. 그건 그 사람 사정이고 넌 그냥 너일 뿐이니까."

혹시 만화를 좋아하시나요? 저는 사춘기 시절부터 만화책을 무척 좋아해서, 소년 만화뿐 아니라 순정 만화까지 무척 즐겨 읽었습니다. 어떤 분은 제가 만화책을 좋아한다고 하면 깜짝 놀라기도 하더라고요. "만화책도 많이 읽으세요?" 하고 말이죠. 저는 만화책이 책과 구별되거나 격이 떨어진다고 생각하지 않습니다. 만화를 통해서도 참 많은 것을 배우고 깨달을 수 있으니까요. 특히 사랑과 우정 같은 관계가 만화에는 잘 표현돼 있고, 난관을 뚫고 꿈을 향해 나아가는 노력과 도전 정신도 배울 수 있습니다.

앞선 대화는 제가 좋아하는 만화가 중 한 명인 한혜연 작가의 『어느 특별했던 하루』에 나오는데요. 한때 미니홈피를 비롯해 여러 커뮤니티에서 많은 사랑을 받은 글입니다. 그만큼 착한 아이 콤플렉스로 괴로움을 겪는 분이 많다는 뜻이겠죠. 착한 아이 콤플렉스는 심리학 용어로, 다른 사람에게 착한 사람으로만 보이고 싶어 하는 심리 현상을 말합니다. 그런 마음 자체가 나쁜 것은 아니지만, 문제는 타인의 시선만 신경 쓰느라 자신의 감정을 제대로 표현하지 못한다는 거죠. 그렇게 되면 남들에게는 착한 사람이나 좋은 사람으로 불릴지 모르지만, 정작 가장 중요한 내 마음을 내가 해치게 됩니다.

모두에게 착한 사람이 될 필요는 없습니다. 나 자신에게 먼저 좋은 사람이 되어야 해요. 먼저 있는 그대로의 나를 받아들이고 내 마음에 솔직해져야, 비로소 나라는 중심을 잘 세우게 되고 관계에 마구 휩쓸리지 않게 됩니다. 그렇게 중심을 잘 세우고 있어야 건강한 관계, 서로 배려하는 좋은 관계를 맺을 수 있습니다.

한혜연 작가의 작품을 읽으며, 저는 착한 아이가 되려고 애썼던 과거의 저를 안아주면서 이런 말을 건네고 싶어졌습니다. 모두에게 착한 아이가 되지 않아도 괜찮아. 사랑받으려고, 미움받지 않으려고 지나치게 애쓰지 않아도 괜찮아. 이미 넌 존재하는 것만으로도 충분히 사랑스럽고 자랑스러우니까. 이렇게 말이죠.

마음에 내키지 않는 관계가 있다면 굳이 힘들게 유지할 필요가 없습니다. 모든 관계에는 적절한 거리가 있는데, 상황에 따라 멀어지기도 하고 가까워지기도 합니다. 중요한 건 단단한 자기중심을 가지고 타인에게 지나치게 휘둘리거나 상처받지 않는 건강한 거리의 관계를 만들고 유지하는 일입니다.

살다 보면 나를 끔찍이 싫어하는 사람이 한둘은 나오게 마련이다. 이를 피할 도리는 없다. 그리고 대부분의 경우 지나치게 관계가 깊어져 서로에게 어느덧 끔찍할 정도로 무거워진 덕분에 문제가 생긴다. 어머니 말씀처럼 사람이나 집이나 약간의 거리를 둬 통풍이 가능해지는 것이 중요하다. (……) 거리라는 것이 얼마나 위대한 의미를 갖는지 사람들은 잘 모른다. 떨어져 있을 때 우리는 상처받지 않는다. 이것은 엄청난 마법이며 동시에 훌륭한 해결책이다.

소노 아야코의 에세이 『약간의 거리를 둔다』에는 이처럼 적절한 거리의 관계에 관한 소소하지만 단단한 통찰이 담겨 있습니다. 저도 이 책을 읽으며 관계를 되돌아보게 됐는데요. 무조건 거리를 좁히려 노력할 필요가 없다는 것과 사람마다 적절한 거리를 두는 일이 얼마나 중요한지 깨닫게 됐습니다. 관계는 어디까지나 상호적입니다. 한쪽이 무조건 희생해야 유지될 수 있다면, 그 관계는 이미 건강하지 않은 거죠. 그런 버거운 관계로 지칠 땐 이 책의 제목처럼 약간의 거리를 두는 것만으로도 행복해질 수 있습니다.

가족이나 연인, 친구처럼 아주 가까운 사이일수록 때로는 조금 뒤로 물러나 거리를 두고 바라보는 자세가 필요합니다. 너무 가까이 있으면 그 사람의 전체 모습을 보지 못하니까요. 오히려 적당한 거리가 있을 때 미처 보지 못했던 새로운 면모도 볼 수 있고, 관계가 건강하게 유지되고 있는지 객관적으로 바라볼 수 있습니다. 가깝다고 무조건 옴짝달싹 못 하게 거리를 좁히는 것보다는 서로 일정한 공간을 내주고 자유롭게 움직일 수 있도록 믿어주는 것이 좋은 관계를 유지하는 가장 중요한 덕목이 아닐까 합니다.

세상에 내 마음대로만 되는 관계는 없습니다. 아무리 노력해도 가까워질 수 없는 관계도 있고, 차라리 먼 거리를 유지하는 게 나을 때도 있죠. 때로는 가까운 사람이 내 힘든 기분을 알아주지 못하거나 거리를 두려고 할 때도 있을 겁니다. 당장 속상할 순 있겠지만, 혹시 내가 미처 알지 못한 힘든 상황을 겪고 있을 수도 있습니다. 잠시 자신에게 집중하고 싶을 때도 있죠. 또 어떤 관계는 해답 없는 난제처럼 계속 풀리지 않을 수도 있습니다. 이런 관계들은 마음대로 되지 않는다고 너무 속상해하거나 서운하게만 생각하지 말고 약간의 여유를 갖는 게 좋습니다.

조급해하지 말고 모든 관계에는 적당한 거리가 필요하고 때론 멀어지기도 하고 다시 가까워질 수도 있다는 사실을 받아들이면 마음도 한결 편해지고 관계에 대한 부담에서도 자유로워집니다. 오히려 그렇게 힘을 빼고 자유로워질 때, 집착하고 매달리지 않으며 좋은 거리를 유지할 때, 우리는 건강한 관계를 유지할 수 있습니다.

우리는 관계 없이 살아갈 수 없습니다. 하지만 아무리 가까운 사이여도 심지어 부모 자식이나 부부나 연인 관계라고 해도 거리는 존재하죠. 서로 다른 사람으로 살아가니까요. 늘이 점을 염두에 둔다면 인간관계의 여러 문제에서 조금은 자유로워질 것 같습니다.

마지막으로 관계에서 상처받은 분들을 위해 좋은 문장 하나를 선물로 드릴까 합니다.

내 미소는 나의 명함이다. 미소는 내가 가지고 있는 가장 강력한 무기이다. 나의 미소는 강력한 유대관계를 맺고, 서먹한 얼음을 깨뜨리고, 폭풍우를 잠재우는 힘을 갖고 있다. 나는 늘 제일 먼저 미소 짓는 사람이 되겠다. (……) 오늘 나는 행복한 사람이 될 것을 선택하겠다.

앤디 앤드루스의 소설 『폰더 씨의 위대한 하루』의 한 구절입니다. 출간 전에는 여러 출판사에서 무려 쉰한 번이나 거절당했다고 하는데, 그런 어려움 끝에 세상에 나온 이 책은 전 세계적으로 큰 사랑을 받았습니다. 어린 시절 부모를 잃고 노숙을 할 정도로 큰 고난을 겪고도 웃음을 잃지 않고 스탠딩 코미디언이자 언론인, 작가로 성공한 그의 긍정적인 인생관이 잘 묻어나오는 작품이지요.

소설 속 폰더 씨의 다짐처럼, 어떤 고난에도 다른 이에게 미소 지을 수 있는 넉넉함으로 당신의 삶을 가득 채우시길.

그 넉넉한 마음으로 넓고 아늑한 공간을 마련해, 그 안에서 행복한 관계를 만들어가시길. 때로는 곁에서 토닥이고 때로는 약간의 거리를 두며 서로의 시간을 갖기도 하는, 그런 건강하고 편안한 관계를 말입니다.

엄마의
이름

듣기만 해도 괜히 눈물이 맺히는 단어가 있습니다. 바로 엄마라는 말이 그렇습니다. 우리는 엄마에게 대단히 큰 사랑을 받았습니다. 열 달이라는 시간을 배 속에서 키워주셨고, 큰 고통을 기꺼이 참으며 세상의 빛을 볼 수 있도록 해주셨죠. 아무리 투정을 부리고 속을 상하게 해도 엄마는 한결같이 우리를 품어주셨습니다.

그러던 어느 날, 엄마의 이마와 눈가에 문득 깊은 주름이 파인 것을 발견했을 때 저는 마음 한편이 덜컥 무너진 것 같았습니다. 철부지 작은 꼬마가 어엿한 성인으로 자라났으니 엄마도 나이가 드는 것이 당연한데, 왜 그런 걸 상상도 못 했을까요?

종종 어린 시절의 사진첩을 꺼내 보며 엄마에게도 젊고 아름답던 시절이 있었다는 사실을 깨달을 때마다 왠지 모를 안타까움과 고마움, 미안함 등 여러 감정이 밀려옵니다. 엄마가 살았던 생을 우리가 다시 한 걸음씩 쫓아 걸어갈 때마다 새삼 그 한없는 사랑의 크기가 느껴지는 것이죠. 그런 마음에 꼭 와닿는 시가 한 편 있습니다.

엄마는
그래도 되는 줄 알았습니다
하루 종일 밭에서 죽어라 힘들게 일해도

엄마는
그래도 되는 줄 알았습니다
찬밥 한 덩이로 대충 부뚜막에 앉아 점심을 때워도

엄마는
그래도 되는 줄 알았습니다
한겨울 냇물에 맨손으로 빨래를 방망이질해도

엄마는
그래도 되는 줄 알았습니다

배부르다 생각 없다 식구들 다 먹이고 굶어도

엄마는

그래도 되는 줄 알았습니다

발뒤꿈치 다 헤져 이불이 소리를 내도

엄마는

그래도 되는 줄 알았습니다

손톱이 깎을 수조차 없이 닳고 문드러져도

엄마는

그래도 되는 줄 알았습니다

아버지가 화내고 자식들이 속 썩여도 전혀 끄떡없는

엄마는

그래도 되는 줄 알았습니다

외할머니 보고 싶다

외할머니 보고 싶다, 그것이 그냥 넋두리인 줄만……

한밤중 자다 깨어 방구석에서 한없이 소리 죽여

울던 엄마를 본 후론

아!

엄마는 그러면 안 되는 것이었습니다

심순덕 시인의 「엄마는 그래도 되는 줄 알았습니다」입니다. 처음 이 시는 잡지 《좋은 생각》의 100호 기념 100인 시집 『그대의 사랑 안에서 쉬고 싶습니다』에 수록되면서 알려지기 시작했는데요. 이후 많은 사랑을 받는 '국민 시'가 됐죠. 시인은 1960년 강원도 횡계에서 아홉 남매의 막내로 태어나 특히 엄마의 사랑을 많이 받았다고 합니다. 서른한 살 때 엄마가 세상을 떠나자 그리움에 사무친 나머지 이 시를 썼다고 하죠. 특히 마지막 한 문장이 우리의 마음을 크게 울립니다.

그렇습니다. 엄마는 그러면 안 되는 것이었습니다. 정말 그러면 안 되는 것이었습니다. 왜 엄마의 사랑을 당연한 것으로만 여겼을까요. 늘 곁에서 주신 사랑의 소중함을 왜 자꾸만 잊어버리게 되는 걸까요. 내리사랑이라는 말처럼 그 한없는 사랑의 소중함은 내 아이를 바라보면서 더욱 절실하게 깨닫게 되는 것 같습니다.

2008년, 중국 쓰촨 지방에서 대지진이 일어난 적이 있습니다. 북부 산악지대에 있던 웬추안이 가장 피해가 컸는데요. 대부분의 건물이 형체를 알아볼 수 없을 정도로 완전히 무너져 내려서 많은 사람이 그 아래 깔리게 됐습니다. 수많은 구급대원이 생존자를 찾기 위해 곳곳을 수색했는데, 어떤 곳에서 한 여성을 발견했습니다. 안타깝게도 이미 몸이 싸늘하게 식어 있었죠.

그런데 그 자세가 특이했습니다. 오른손에는 젓가락을 들고 있었고 자세는 구부린 채로 무언가를 감싼 모습이었죠. 식사 도중에 지진이 일어나자 떨어지는 잔해를 황급히 온몸으로 막은 겁니다. 구조대원이 조심스럽게 여인의 몸을 들어 올리자, 거기에는 꽃무늬 담요에 싸인 갓난아이가 평화롭게 쌕쌕 숨을 내쉬고 있었습니다. 마치 아무 일도 없었다는 듯 말이죠. 아이에게는 엄마의 품이 가장 따뜻하고 편안한 공간이었을 테니까요. 담요 안에는 휴대폰이 있었는데, 이런 메모가 적혀 있었다고 합니다.

"사랑하는 아가야, 네가 살아 있다면 이것만은 꼭 기억해주렴. 엄마는 너를 사랑한단다."

혹시 엄마를 이름으로 불러보신 적이 있으신가요? 아니면 본인의 이름을 자식들이 불러주었던 기억이 있으신가요?

자기 이름을 잃고 늘 '누구의 엄마'로만 살아온 삶, 자신을 내려놓고 오직 엄마로만 살아간 그 삶의 무게가 얼마나 무거웠을지 가만히 생각해봅니다. 많은 것을 포기하고, 아이들을 위해 희생한 삶이었겠죠. 아이의 이름으로 불려도, 그것만으로 힘을 내고 웃음 짓고 행복을 느끼셨을 겁니다.

(아리스토텔레스는) 진정한 행복을 '에우다이모니아'라고 했는데, 이는 인간 본성에서 가장 고결하고 가장 좋은 것을 성취하는 데서 오는 기쁨을 말한다. 그는 "행복이란 영혼의 활동이 미덕과 부합하는 것"이며, 그런 최고의 행복을 조국이나 신같이 "더 높은 명분"을 위해 자기 목숨을 희생하는 데서 찾을 수도 있다고 썼다.

줄스 에반스는 『삶을 사랑하는 기술』에서 철학자 아리스토텔레스가 말한 행복을 이렇게 설명합니다. 이처럼 세상의 많은 엄마에게 자신의 행복은 곧 자식의 행복이었겠죠. 그건 자신을 위해 뭔가를 할 때 얻을 수 없고, 오직 누군가를 위해 희생할 때 얻을 수 있는 숭고한 행복입니다.

엄마에겐 자식을 위해 희생하는 것이 곧 본인의 행복이었을 겁니다. 우리가 엄마라는 말만 들어도 눈물이 맺히는 이유겠죠. 하지만 그런 마음만 갖지 말고 지금 엄마에게 감사하다고, 사랑한다고 말하는 건 어떨까요. 자신의 이름까지 잊어버린 채 살아온 엄마의 이름을 종종 불러보면 좋겠다는 생각도 합니다. 'ㅇㅇ엄마'로 살아온 인생 또한 행복하고 기뻤다고 말씀하시겠지만, 우리를 위해 기꺼이 이름을 버렸던 엄마에게 다시 자기 이름으로 살아가는 행복을 되찾아드릴 수 있다면 좋을 테니까요.

지금도 종종 엄마에게 듣는 말이 있습니다. 바로 미안하다는 말입니다. 미안할 일은 없다고, 오히려 제가 감사하고 죄송할 뿐이라고 말씀을 드려도 엄마의 마음은 어쩔 수 없는 것 같습니다. 사랑하는 마음이 너무 큰 나머지 아쉬운 감정이 더 앞서는 거겠죠. 인생의 대부분을 자식을 위해 희생했는데도 오히려 미안한 마음을 갖고 계신다는 사실이 우리 마음을 시리게 합니다. 예전에는 잘 이해하지 못했는데, 부모가 되고 나니 조금씩 이해하게 되네요. 사랑하기에 더 미안한 마음을 잘 표현한 글이 있습니다.

엄마는 죽음을 겁내지 않았다. 죽음을 미안해했다.

신경숙 작가의 『어디선가 나를 찾는 전화벨이 울리고』의 한 문장입니다. 평생 많은 걸 희생하고도 죽음에 이르렀을 때 그 죽음조차 미안해하는 마음, 얼마나 큰 사랑이 있어야 이런 마음이 드는 걸까요. 그런 엄마의 마음을 생각할 때면 저 역시 감사하고 또 미안해집니다. 서로 너무나도 사랑하기에,

'사랑한다'는 말로 다 담아내지 못한 마음을 그렇게 '미안하다'는 말로 대신 전하게 되는 것이겠죠.

예전에 어떤 광고를 본 적이 있습니다. 건강검진을 마친 사람들에게 의사가 이렇게 이야기합니다. "당신에겐 9개월이 남았습니다."

사람들은 몹시 놀라며 건강검진 결과서를 펼쳐보죠. 거기엔 이런 글이 적혀 있습니다. "많이 놀라셨죠? 앞이 캄캄하셨나요? 당신은 시간을 어떻게 보내고 있나요? 보통 몇 시에 퇴근하시고, 하루 몇 시간을 주무시나요? 친구와 보내는 시간은 얼마나 되나요? 그 시간을 모두 제외하고 당신이 평생 가족과 함께할 수 있는 시간은 9개월입니다."

이 광고는 많은 사람에게 큰 울림을 주었습니다. 저 역시 눈물이 그렁그렁해진 채, 나는 가족과 얼마나 시간을 보내고 있을까 생각하게 됐죠.

우리는 살면서 많은 이별을 합니다. 생각하는 것만으로도 슬프지만, 엄마와도 언젠가 이별을 해야 하죠. 그러기에 더 많은 시간을 소중한 사람과 함께해야 합니다. 저 역시 당장 엄마에게 전화해서 오랜만에 엄마의 이름을 부르며, 정말 많이 사랑한다고, 그렇게 마음을 전해야겠네요.

우리 같은 방향으로
함께 걸어요

사랑이란 무엇인가? 인간이든 악마든 그 어떤 것이든, 내가 붙잡고 있는 것은 사랑 외엔 아무것도 없다. 그건 세상 어떤 것보다 더 영혼을 뚫고 들어오는 것이기 때문이다. 사랑처럼 우리 심장을 가득 채우고 또 묶는 것은 없다.

소설 『장미의 이름』에서 움베르트 에코는 사랑에 대해 이렇게 말합니다. "세상 어떤 것보다 더 영혼을 뚫고 들어오는 것"이라는 문장처럼 사랑은 무척 강렬한 것이어서, 누구나 거기 빠지는 순간 온몸과 정신을 지배당해 자신을 마음대로 통제할 수 없게 됩니다. 수많은 문학과 회화, 음악 등의 예술 작품이 사랑을 주요 소재로 삼은 이유지요.

사랑을 소재로 한 수많은 예술 작품 중에서도 저는 단테의 『신곡』을 먼저 떠올립니다. 그가 르네상스의 선구자이자, 그로 인해 피렌체어가 지금의 이탈리아 표준어가 됐다는 거창한 이유에서가 아닙니다. 그가 자신의 고향 피렌체에 남긴 사랑 이야기가 제 흥미를 끌었기 때문입니다. 바로 피렌체에서 가장 오래된 다리인 베키오 다리가 '사랑의 다리'로 불리는 일과 관련된 이야기지요.

아마 서울 남산타워에 가본 분은 연인들이 자물쇠를 걸며 영원한 사랑을 맹세하는 모습이 익숙할 겁니다. 제가 놀랐던 건 그런 일이 베키오 다리에서도 일어난다는 것이었습니다. 왜 그럴까 이유를 찾아봤더니, 바로 단테가 그곳에서 자신의 영원한 연인 베아트리체를 처음으로 만났다는 전설이 있었습니다. 『신곡』을 통해 불멸의 사랑을 완성한 단테와 베아트리체처럼 젊은 연인들도 그 다리에서 영원한 사랑을 약속했던 것이죠. 사람 사는 모습은 어느 곳이나 다 비슷하구나, 사랑하는 사람들은 대개 같은 마음이 있구나 하는 생각에 절로 웃음이 났습니다.

단테가 처음 베아트리체를 만난 것은 불과 아홉 살 때였다고 합니다. 처음 마주쳤을 때부터 베아트리체에게 깊은 인상을 받은 단테는, 9년이 지나 다시 한번 그를 마주치게 되자 그만 사랑에 빠져버리고 맙니다. 그 사랑은 베아트리체가 다른 사람과 결혼하고, 스물넷이라는 젊은 나이에 세상을 떠난 뒤에도 변하지 않았죠. 단테는 현실에서 이루지 못한 사랑을 『신곡』이라는 위대한 작품으로 승화시켰습니다. 그 작품에서 베아트리체는 위대한 성녀이자 구원자로서 주인공을 지옥과 연옥을 거쳐 천국까지 이끄는 중요한 역할을 맡습니다.

베아트리체를 향한 단테의 사랑은 그야말로 플라토닉러브의 전형을 보여줍니다. 『신곡』 덕분에 베아트리체라는 이름은 오늘날까지 숭고하고 정신적인 사랑의 상징이 되었으니까요. 하지만 사실 그의 사랑은 상호적인 게 아니라 일방적입니다. 베아트리체는 살아생전 단테가 자신을 얼마나 사랑하는지 전혀 알 수 없었죠. 단테의 사랑은 위대했지만 어디까지나 짝사랑이었고, 서로에게 의지가 되고 힘이 되며 좋은 영향을 주고받는 사랑이라고 말할 순 없습니다.

그렇다면 어떤 사랑이 우리가 본받을 만한 좋은 사랑일까요? 아니, 사랑은 무엇이며 우리는 왜 사랑을 하는 걸까요? 정신분석학자이자 사회심리학자인 에리히 프롬은 『사랑의 기술』에서 사랑을 양극성이라는 관점으로 분석합니다.

플라톤의 『향연』에 나오는 유명한 이야기처럼 본래 인간은 두 사람이 한 몸을 이루고 있었지만 신에 의해 둘로 나뉘었고, 따라서 사랑이라는 감정은 나머지 반쪽을 찾아 다시 하나가 되려는 과정이라는 것이죠. 프롬은 셰익스피어나 바이런에 비견될 정도로 높은 평가를 받는 '사랑의 시인' 루미의 시를 인용해 이런 개념을 설명하는데, 여기서 그 일부를 살펴보겠습니다.

사랑하는 자가 사랑받는 자를 원하는 것은

사랑받는 자가 그를 원할 때뿐이다.

사랑의 불꽃이 '이' 가슴에서 타오를 때

'저' 가슴에도 사랑이 깃든 줄을 알게 된다.

(……)

한 손이 없으면 한 손으로는 손뼉을 칠 수 없다.

사랑하는 마음이 싹틀 때부터 연인은 많은 것을 공유하려 합니다. 좋아하는 음식을 같이 먹고, 좋아하는 취미 생활을 함께하려 하지요. 서로의 관심사나 취향이 다른 경우도 있지만, 보통 접점이 많을수록 관계는 더 좋아집니다. 어쩌면 상대의 환심을 사기 위해 거짓으로 공통점을 만들 수도 있겠지만, 한쪽이 일방적으로 상대에게 맞추기만 한다면 그 사랑에는 분명 한계가 있겠지요.

물론 사랑은 일정 부분 희생을 필요로 합니다. 하지만 그게 일방적이어서는 안 되죠. 희생하는 쪽이 삶의 주체성을 잃고 점점 지쳐갈 테니까요. 이렇게 상대의 희생을 강요하는 사람은 보통 사랑에 강자와 약자가 있다고 생각합니다. 사실 저도 예전에는 이런 생각에 일부분 동의했었습니다. 더 많이 사랑하는 쪽이 덜 사랑하는 쪽보다 손해고, 관계에서 더 약자라고 생각했지요. 그러나 지금은 그게 얼마나 잘못된 생각인지 잘 압니다.

많은 시행착오와 실수를 거친 끝에, 마침내 저는 사랑이 같은 방향을 바라보는 것이라는 걸 깨달았습니다. 사랑한다고 서로 완전히 똑같은 삶을 살아야 한다는 말은 아닙니다. 아무리 한 몸같이 가까운 연인이라 하더라도, 정말 한 사람처럼 매 순간 모든 감정을 공유할 순 없죠. 연인에게도 서로 적절하게 빈 공간이 있어야 아픔이나 분노, 상처가 빠져나갈 수 있고, 또 기쁨과 애정이 채워질 수도 있습니다.

서로 배려할 때, 우리는 비로소 아름다운 사랑을 할 수 있습니다. 또한 그런 사랑을 할 수 있을 때에야 한 사람의 인간으로 보다 성장할 수 있죠. 이처럼 사랑은 관계의 수평을 찾는 일입니다.

이를 다른 말로 표현하면 사랑은 서로 손을 맞잡는 일, 그리고 같은 방향으로 걸어가는 일이라고도 할 수 있겠네요. 연인이라고 온종일 서로만 바라보는 게 아니라 평소 묵묵히 각자 일을 하다가도, 함께할 땐 손을 꼭 잡고 같은 목적지를 향해 걸어가는 거죠. 이런저런 이야기를 나누고 서로의 감정과 일상과 체온을 공유하면서 말입니다. 바로 생텍쥐페리가 다음과 같이 남긴 말처럼 말이죠.

사랑은 두 사람이 마주 보는 것이 아니라,
함께 같은 방향을 바라보는 것이다.

더 많이 사랑하는 당신이
강한 사람

"더 많이 사랑하는 사람이 약자다."

우리는 종종 이런 말을 듣습니다. 그러면서 사랑을 '잘하려면' 밀고 당기기를 잘해야 한다거나, 무조건 잘해주면 안 된다는 식으로 충고를 건네는 사람도 있고, 혼자 잘해주다 나중에 상처받지 말라며 걱정해주는 사람도 있죠. 그런데 정말 사랑엔 강자와 약자가 있고, 우리는 약자가 되지 않기 위해 감정을 조절하고 밀고 당기기를 잘해야 하는 걸까요?

물론 사랑이 일방적이라는 생각이 들고 내 마음을 제대로 알아주지 못할 때, 마음은 괴로워집니다. 혼자서만 애쓰는 것 같고 상대가 야속하고 답답할 때가 많을 테죠. 하지만 더 많이 사랑하는 것은 결코 잘못이 아닙니다. 연인에게 "내가 더 많이 사랑해"라고 말하는 것은 결코 약자가 되는 행동이 아니죠. 오히려 사랑을 더욱 키우고 단단하게 만들어주는 말입니다. 사랑은 누가 얼마를 주고 얼마를 받았는지 손해와 이익을 따지는 관계가 아니라, 모든 것을 다 주고도 또 주고 싶은 관계니까요.

그러면 대체 왜 많이 사랑하면 약자란 말이 생겼을까요? 아마도 사랑이 점점 일방적으로 변하다가 식어버리고 끊기는 일들을 주위에서 많이 봤기 때문일 것입니다. 그런데 이러한 이별의 원인이 정말 한쪽이 다른 한쪽을 너무 많이 사랑한 탓일까요? 아닙니다. 관계의 끈을 먼저 놓고 사랑을 소중하게 여기지 않은 것은, 더 많이 사랑한 사람이 아니라 그러지 못한 사람이니까요.

사랑을 시작할 땐 누구나 영원할 것처럼 생각하지만, 많은 사랑에는 안타깝게도 수명이 있습니다. 하지만 중요한 사실은 이렇게 사랑이 끝날 때에도 사랑에 소홀했던 사람보다 더 많이 사랑했던 사람이 더 성장하고 많은 것을 배울 수 있다는 겁니다. 처음에는 상처를 받지만, 결국 그 상처가 아물고 나면 더욱 단단해지는 거죠. 그런 사람은 헤어진 연인에게도 "넌 좋은 사람이었어"라고 말할 수 있고, "너를 사랑해서 행복했어"라고 말할 수 있습니다. 최선을 다해 사랑한 사람에게는 어떤 아쉬움도 없고, 후회도 없기 때문입니다.

우리는 모두 존재만으로 충분히 사랑받을 자격이 있는 사람입니다. 그럼에도 상대를 더 많이 사랑함으로써 기꺼이 약자가 되겠다는 마음은, 사실은 정말 강한 사람만이 가질 수 있는 마음이지요. 사랑을 할 때 무조건 강약을 나누고 결코 약자가 되지 않으려 애쓰는 사람이 있다면, 그 사람은 강한 사람이 아니라 오히려 약한 사람입니다.

저 역시 지나간 사랑을 돌이켜볼 때, 아낌없이 사랑을 준 경우에는 후회가 없지만 오히려 사랑받는 걸 당연시하고 상대를 소홀히 했던 관계에 대해서는 아쉬움이 있었습니다. 누군가가 주는 사랑이 얼마나 소중한지 알지 못하는 사람은 언젠가 큰 후회를 하게 되지요.

살아가면서 사랑하는 사람을 만나는 일은 매우 소중하고 귀한 경험입니다. 그래서 우리는 사랑하는 사람의 마음을 얻기 위해 애쓰는 것이고요. 하지만 사실 사랑에서 정말 중요한 점은 관계를 맺고 시작하는 일보다 그 사랑을 어떻게 받아들이고 지킬 것인가 하는 일입니다. 다시 말해, 사랑을 유지하려면 그것을 받아들이는 올바른 자세가 필요합니다.

남을 이해하고 사랑하는 마음도 중요하지만 그 사랑을 제대로 받아들일 줄 아는 마음도 그 못지않게 중요하다는 생각을 해본다. 누군가의 사랑을 받으면서도 그 사랑을 시큰둥하게 여기거나, 아니면 그 사랑으로 인해 오히려 오만해진다면 그 사랑은 참으로 슬프고 낭비적인 사랑이다.

수필가이자 영문학자인 장영희 교수는 『내 생애 단 한 번』이라는 책에서 사랑의 올바른 자세를 이렇게 말합니다. 사랑은 시작하는 마음도 물론 중요하지만 더욱 중요한 건 사랑을 제대로 받아들일 줄 아는 마음이라는 거죠.

이 따뜻한 문장을 읽고, 저는 사랑에 대한 관점이 많이 바뀌었습니다. 이전까지는 어떻게 해야 내 진심을 상대가 알아주고 사랑을 시작할 수 있을까만 고민했다면, 이제는 사랑을 잘 받고 감사하고 소중하게 그것을 지키는 법에 대해 생각하게 되었으니까요.

누군가에게 사랑받는 일을 당연시해서 시큰둥해지거나 오만해지는 사람은 사랑을 낭비하는 사람입니다. 만약 지금 그런 사람과 사랑하고 있다면, 그런 행동 때문에 상처받거나 아파할 필요가 없습니다. 더 많이 사랑한 것은 잘못이 아닙니다. 오히려 사랑을 제대로 받을 줄 모르는 것이 어리석은 일이지요.

더 많이 사랑하는 일은 정말 아름답고 행복한 것입니다. 상대가 그 사랑을 잘 안다면 더할 나위 없이 좋겠지만, 그러지 못하더라도 괜찮습니다. 제대로 사랑할 줄 아는 사람이기에 앞으로 더 좋은 사랑을 할 기회가 많을 테니까요. 사랑하는 모든 순간에 충실한 사람은 결코 소중한 시간을 헛되이 낭비하는 법이 없으니까요.

행위는 그 자체만으로는 아름답지도 추하지도 않네. 가령 지금 바로 우리가 하고 있는 것은 그게 술 마시는 일이든 노래하는 일이든 대화하는 일이든 간에 아무것도 그 자체로 아름다운 것은 없네. 다만 그것이 어떻게 행해지느냐에 따라 성격이 드러나게 되는 거지. 아름답고 올바르게 행해지면 아름다운 것이 되고 올바르지 않게 행해지면 추한 것이 된다는 말이네. 사랑하는 일도 바로 그렇지. 에로스란 그 자체로 다 아름다운 것이 아니라, 오직 아름답게 사랑하도록 유도하는 에로스만 아름다운 것이지.

사랑에 대한 가장 오래된 고전은 플라톤의 『향연』입니다. 소크라테스, 플라톤 등 고대 그리스 현자들이 모여 함께 술을 마시며 사랑에 대해 이야기를 나누는 장면을 담아낸 철학책이지요. 그 자리에서 파우사니아스는 사랑에 대해 위와 같이 말합니다. 사랑은 그 자체로 아름다운 것이 아니라, 오직 아름답게 사랑을 할 때에만 가치가 있다고 말이죠. 즉, 상대를 올바르게 사랑하고 아끼고 존중하며 소중히 할 때에만 비로소 사랑은 고귀하고 순수해집니다.

이 책에는 여러 철학자가 등장해 사랑에 대한 생각을 풀어놓습니다. 육체적인 면과 정신적인 면 그리고 아름다움 전반에 대한 이야기까지, 여러 형태의 사랑 중에 여러분은 어떤 것에 가장 공감할지 궁금하네요.

저는 이 책을 읽고 파우사니아스가 이야기하는 사랑에 진심으로 공감했습니다. 그리고 이기적인 사랑이 아니라 배려하는 사랑, 받기만 하는 사랑이 아니라 잘 주는 사랑을 하자고 마음을 먹었지요. 그게 제가 생각하는 아름다운 사랑의 형태이기 때문입니다. 오직 자신의 마음만 중요하게 여기고 상대의 마음을 소홀히 하는 건 결코 좋은 사랑이라고 말할 수 없습니다.

네 사랑이 무사하기를.

내 사랑도 무사하니까.

소설가이자 카피라이터인 이도우 작가의 로맨스 소설 『사서함 110호의 우편물』에 나오는 문장입니다. 여자 주인공이 책꽂이에서 발견한 남자 주인공의 시집에 나오는데, 참 예쁜 말이면서도 사랑의 본질을 꿰뚫어보는 문장이라고 생각했습니다. 나보다 상대의 안부를 먼저 묻는 마음이야말로 바로 사랑일 테니까요.

강자와 약자를 나누고 고수와 하수를 나누어, 강자가 되고 고수가 되려고 이리저리 재고 요령을 부리는 것은 사랑이 아닙니다. 그저 조건 없이 상대를 먼저 생각하고 배려하고 아낌없이 사랑을 주려는 마음을 가질 때에야 비로소 우리의 사랑은 무사할 겁니다. 그런 사람이 세상에 가득할 때에야 상처받지 않으려 눈치 보는 일 없이 누구나 포근한 사랑을 할 수 있을 테니까요.

지금 사랑하는 사람이 곁에 있다면,
그 마음을 의심하지 마세요.
더 아낌없이 사랑을 주세요.
정말 사랑받을 자격이 있는 사람이라면,
분명히 당신의 소중한 마음을 알아줄 테니까요.

더 많이 사랑하는 사람이 강한 사람입니다.
더 많이 사랑하는 사람이 정말로 사랑할 줄 아는 사람입니다.

모든 인연에
끝이 있다 하더라도

하루에도 수없이 스쳐가는 사람들 중에 소중한 인연을 맺고 있는 사람은 얼마나 되나요? 어릴 땐 동네와 학교, 학원에서 그저 틈날 때마다 새로운 친구를 만나고 어울렸지요. 그런데 성인이 되고 사회생활을 하니 오히려 새로운 인연을 맺는데 망설이게 되고 어려움을 느끼는 것 같습니다. 그뿐인가요. 그나마 유지하던 인연도 앙상해진 겨울나무의 낙엽처럼 하나둘 떨어지는 것 같아 더욱 쓸쓸하고 아쉽기만 합니다.

인연은 참 중요합니다. 결국 우리의 행복은 어떤 사람과 어떤 인연을 맺고 살아가는지가 크게 좌우하거든요. 나를 힘들게 하고 괴롭히는 나쁜 인연을 맺으면 삶이 힘들고 지치게 됩니다. 반대로 서로에게 힘이 되고 긍정적인 영향을 미치는 인연이 있다면 삶은 활기가 넘치게 되죠. 안타깝게도 정말 좋은 인연을 알아보고 그걸 잘 유지하는 일은 쉽지 않습니다.

인연 하면 머릿속에 떠오르는 작가가 있습니다. 바로 시인이자 소설가, 수필가인 피천득입니다. 그의 글 중 가장 잘 알려진 것이 바로 「인연」의 다음 문장일 겁니다.

그리워하는데도 한 번 만나고는 못 만나게 되기도 하고, 일생을 못 잊으면서도 아니 만나고 살기도 한다.

담백하면서도 감성적인 문체로, 작가가 도쿄로 유학을 갔을 때 만난 인연에 대해 다룬 글입니다. 뜻대로 되지 않는 인연의 애틋함과 아쉬움을 잘 표현하고 있죠. 저는 개인적으로 「장수」라는 그의 또 다른 에세이도 좋아하는데요. 그 글을 통해 인연을 어떻게 대해야 할지 많이 배웠습니다.

과거를 역력하게 회상할 수 있는 사람은 참으로 장수를 하는 사람이며 그 생활이 아름답고 화려하였다면 그는 비록 가난하더라도 유복한 사람이다. 예전을 추억하지 못하는 사람은 그의 생애가 찬란하였다 하더라도 감추어둔 보물의 제목과 장소를 잊어버린 사람과 같다.

열심히 산다고 살았지만, 그저 하루하루 기계처럼 살아온 건 아닌지 돌아보게 되는 문장입니다. 작가는 우리가 아름다운 인연을 맺어야 하는 이유를, 살아온 자기 과거를 다시 살게 해주기 때문이라고 말합니다. 인간은 누구나 단 한 번 살고 오직 현재만 살 수 있지만, 좋은 인연이 있다면 다시 살아보고 싶은 시간을 한 번 더 살 수 있습니다. 추억을 함께 되새기면서 말이죠. 그것은 삶을 보다 행복하게 만드는 일이고, 바로 이런 이유로 우리는 오래 보아도 늘 좋은 소중한 인연을 잘 간직하며 살아야 합니다.

저 역시 나이를 많이 먹은 건 아니지만, 살다 보면 정말 다양한 곳에서 의외의 인연을 만나게 됩니다. 그럴 때마다 '아, 인연은 정말 소중하게 진심으로 대해야 하는구나' 하는 생각이 들죠. 사회생활을 하다 보면 나도 모르게 이해관계를 따지거나 편견을 가진 채 관계를 맺는 경우가 생기는데, 그렇게 맺은 인연은 깊이도 없고 오래가지도 못합니다.

입사하고 한창 바쁘게 사람들을 만나고 다닐 때였습니다. 꽤나 많은 사람을 만나면서 늘 최선을 다하려 했지만, 어떤 사람은 제 진심 따위는 전혀 아랑곳하지 않았고, 어떤 사람은 그런 저를 이용만 했습니다. 관계를 맺고 진심을 다하는 일에 점점 지쳐갔죠. 그러던 때 중요한 고객사와 큰 계약을 앞둔 일이 있었습니다. 최선을 다해 계약을 체결하려 했지만, 어째서인지 담당자는 저를 만나려고도 하지 않았습니다. 속상해하고 있는데, 한 선배가 이런 말을 해주었지요.

"진심을 전하면 인연은 어떻게든 이어져."

이 말을 듣고 용기를 낸 저는 담당자를 만날 때마다 진심을 다하려 애썼습니다. 비록 그 계약은 체결하지 못했지만, 그런 마음이 전해졌는지 나중에 다른 계약 건을 먼저 제안해주셨죠. 계약을 체결하고 같이 식사를 하게 됐을 때 그분은 제게 이렇게 말했습니다.

"사람들은 대부분 말로는 진심이라고 하면서 이익이 안 된다 싶으면 금방 변하는 게 뻔히 보이는데, 승환 씨는 솔직하면서도 늘 한결같아서 좋네요."

인연을 너무 어렵게만 생각할 필요는 없습니다. 그저 좋은 인연이 눈앞에 있다면 거기에 최선을 다하는 거죠. 물론 그럼에도 뜻하지 않게 상처를 주는 나쁜 인연을 마주하기도 하지만, 그러다가도 그런 아픔을 위로해주는 좋은 인연을 다시 만나게 됩니다. 하나하나 재고 따지며 가식적으로 꾸미지 말고 진솔한 모습을 보여주는 것이 중요합니다. 이는 우리가 맺는 가장 중요한 관계인 연인과의 관계에서도 마찬가지입니다.

왜 좋은 인연들을 눈앞에 두고 그렇게 일어나지도 않을 나

뻔 걱정만 했을까요? 인연이면 헤어지려고 해도 이어지고, 인연이 아니면 애를 써도 헤어진다는 건 정말 맞는 말인 것 같습니다. 정말 잡고 싶었던 인연을 놓치게 된 일도, 인연이라고 생각하지 않았는데 어느새 곁을 지켜주는 사람도 있었으니까요.

어떤 인연이 나와 함께할 인연인지 알 수 없다면, 우리가 마주하는 그 모든 인연에 대해 가져야 할 자세는 하나입니다. 진심 그대로를 보여주는 겁니다. 주위 시선을 신경 쓰거나, 일어나지도 않을 일들을 걱정하는 대신 말이지요.

매일 조금씩
곁으로 다가와줘

사람들은 더 이상 뭔가를 알아갈 시간도 필요로 하지 않아. 이미 만들어진 채 상점에 진열된 것만 사지. 사람들에게 친구가 없는 건 친구를 파는 상점이 없기 때문이야. 그런데도 만약 네가 친구를 원한다면, 나를 한번 길들여보렴.

사막여우는 어린 왕자에게 조심스레 다가가 이렇게 제안을 합니다. 그리고 어린 왕자가 그럼 어떻게 해야 사막여우를 길들일 수 있는지 묻자 이렇게 대답하지요.

매일같이 조금씩 곁으로 다가와줘. 매번 같은 시간에 와주면 더 좋아. 만약 네가 매일 오후 네 시쯤에 온다면, 난 세 시부터 행복해지기 시작할 거야.

생텍쥐페리의 『어린 왕자』의 유명한 구절 가운데 하나입니다. 1943년에 발표된 작품임에도 오늘날까지 많은 사랑을 받고 있죠. 특히 '어른을 위한 책'이라고 작가가 밝힌 것처럼, 성인이 읽어도 무척 뜻깊은 다양한 메시지가 담겨 있습니다.

그중에서도 저는 앞에서 인용한 사막여우와의 이야기를 좋아합니다. 쉽게 읽히면서도 관계에 대한 깨달음을 주기 때문이지요. 조금씩 서로에게 다가간 사막여우와 어린 왕자와는 달리, 오늘날 우리는 빨리빨리 효율성을 따지는 문화에 너무나도 익숙해 있습니다. 누군가와 친해지고 싶으면 매일 조금씩 다가가는 대신, 메신저와 SNS를 통해 24시간 소통하는 편을 택하지요. 언뜻 무척 경쾌하고 편해 보이지만, 이렇게 맺은 우정은 또 금세 깨지고 멀어지기 쉽습니다. 상점에서 물건을 사듯 쉽게 가까워지고, 또 물건을 버리듯 쉽게 멀어지는 관계, 그걸 정말 우정이라 할 수 있을까요?

그저 좋은 일만 함께하는 게 아니라 힘든 일과 정서를 공유하고, 때로는 서로 다투기도 하면서 공감할 수 있는 많은 추억거리를 쌓아가는 것, 그런 게 바로 좋은 우정이라 할 수 있겠죠. 그렇게 단단한 관계를 만들기 위해서는 당연히 시간이 필요할 테고요.

하지만 안타깝게도 어른이 된 우리에겐 그렇게 시간이 많지 않습니다. 학창 시절에는 같은 공간에서 많은 시간과 다양한 관심사를 나누며 살아갈 수 있지만, 어른이 되고 사회생활을 시작한 뒤에는 각자 매일의 일과로 바빠서 시간을 충분히 쓸 여유가 없지요. 그래서 새로운 우정을 만드는 일에 점점 소홀해집니다.

하지만 우리가 보다 행복하게 살기 위해서는 우정이 꼭 필요합니다. 기쁜 일이든 슬픈 일이든 즐거운 일이든 화나는 일이든, 편하게 이야기를 나눌 수 있는 친구가 필요하죠. 애써 꾸미지 않고 허물없이 만날 수 있는 친구, 자기 모습을 치장하기 바쁜 시대에 허물을 벗고 온전한 자기 모습을 보여줄 수 있는 친구, 혹시 그런 우정이 있나요? 어떻게 해야 그런 우정을 쌓을 수 있을까요?

우정에 대해 이야기할 때마다 제가 떠올리는 글이 한 편 있습니다.

저녁을 먹고 나면 허물없이 찾아가 차 한잔을 마시고 말할 수 있는 친구가 있었으면 좋겠다. 입은 옷을 갈아입지 않고 김치 냄새가 좀 나더라도 흉보지 않을 친구가 우리 집 가까이에 있었으면 좋겠다.

비 오는 오후나 눈 내리는 밤에 고무신을 끌고 찾아가도 좋은 친구, 밤늦도록 공허한 마음도 마음 놓고 보일 수 있고 악의 없이 남의 얘기를 주고받고 나서도 말이 날까 걱정되지 않은 친구가. 사람이 자기 아내나 남편, 제 형제나 제 자식하고만 사랑을 나눈다면 어찌 행복해질 수 있으랴. 영원이 없을수록 영원을 꿈꾸도록 서로 돕는 진실한 친구가 필요하리라.

유안진 시인의 에세이 『지란지교를 꿈꾸며』의 한 구절입니다. 섬세하고 유려하면서도 따뜻한 문체가 돋보이는 글이죠. 처음 이 글을 읽은 것은 중학생 때였는데, 지금도 읽을 때마다 큰 울림을 받습니다. 사실 시인이 말하는 바와 같은 우정은 쉽게 가질 수 없습니다. 서로 깊은 믿음이 있어야 가능하죠. 이 글을 읽을 때마다 스스로를 돌아보면서 우정에 대해서도 다시 생각해보게 됩니다.

저에게 우정은 그 형태가 계속 달라졌던 것 같습니다. 어떤 땐 제 취미를 함께 나눌 수 있는 친구만 골라서 만나기도 했고, 또 반대로 무리에서 소외당하기 싫어서 다른 친구에게 무조건 맞출 때도 있었죠. 생각해보면 그럴 필요가 없었어요. 우정에서 중요한 건 모든 걸 억지로 똑같이 맞추는 게 아니라, 서로를 배려하고 생각하는 마음이니까요. 그렇게 서로에 대한 배려와 신뢰만 있다면, 다른 성격과 취향 같은 차이는 우정을 방해하는 게 아니라 오히려 서로의 삶을 풍성하게 만들어줄 테니까요.

바람직한 우정에 대해 생각할 때면, 자연스럽게 머릿속에 떠오르는 두 사람이 있습니다. 바로 열다섯 살이라는 나이 차를 뛰어넘어 두터운 우정을 쌓은 작가, 알베르 카뮈와 장 그르니에입니다. 처음에는 고등학교에서 만난 제자와 스승 관계였지만, 이내 둘은 세상과 예술에 대한 이야기를 나누며 속을 터놓는 절친한 친구가 됐습니다. 그르니에는 자신보다 훨씬 어리면서도 마흔여섯이라는 젊은 나이에 요절한 카뮈를 추억하는 에세이도 남겼는데요. 바로 『카뮈를 추억하며』입니다.

그는 내면의 감정을 새삼스럽게 드러낼 필요가 없었다. 왜냐하면 내면의 감정을 아주 침착하고 냉정하게 결정적으로 이미 구체화해놓았기 때문이다. 그래서 어떤 때에는 카뮈와 대면하면 변모당한다는 느낌을 받곤 했다. 그러나 이와 같은 경우는 매우 드물다는 것을 이야기해야겠다. 통상 그와의 대화는 즐겁고 익살과 재치가 넘치는 것이었다.

카뮈에 대한 날카로운 통찰과 깊고 진솔한 애정이 동시에 느껴지는 문장입니다. 섬세하게 배려하면서도 서로에게 지적 자극을 주며 성장을 돕고, 힘들 때마다 서로에게 기꺼이 힘이 되어주는 모습. 진정한 친구란 바로 이런 것이겠죠. 시간을 함께하면 할수록 영혼이 성장하고 삶이 아름다워지는 관계 말입니다.

언젠가 친구들과 이런 대화를 나눈 적이 있습니다. 친구라면 어떤 가치관으로 인생을 살아가는지 정도는 이야기할 수 있어야 하는 것 아니냐고 말이죠. 시시콜콜한 이야기를 즐겁게 나누는 것도 중요하지만, 때로는 속에 있는 깊은 이야기도 나눌 수 있는 관계가 삶을 좀 더 풍성하고 깊이 있게 만들어주는 좋은 우정이란 생각이 들었습니다.

추억은 때로 우리에게 힘이 되어주지만, 불필요한 추억은 오히려 발걸음을 무겁게 만들기도 합니다. 젊은 시절 홀로 짊어지던 삶의 무게는, 이제 가족이라는 이름 아래 더욱 소중하고 조심스러워졌습니다. 한때의 넘치던 용기는 잠시 접어두고, 나와 내 주변을 지키는 새로운 용기를 배우는 시간이 찾아온 것이죠.

인생의 어느 순간, 관계는 자연스럽게 변화합니다. 어릴 적 모든 것을 나누며 영원을 약속했던 친구들은 각자의 길을 걸어가고, 지금의 고민과 일상을 나눌 수 있는 소중한 인연들이 새로 남습니다. 이는 어쩌면 당연한 일일지도 모릅니다. 우정을 잃는다는 것은, 때로는 삶에서 놓아주어야 할 것들을 받아들이는 과정일 테니까요.

 특히 나이가 들수록 예전의 인연과는 자연스레 거리가 생기고, 비슷한 가치관과 삶의 방향을 가진 이들과 더 가까워지게 됩니다. 이런 변화 속에서 우리는 관계의 의미를 다시 한번 생각하게 되지요. '모든 인연이 영원해야만 할까?' 살아가며 만나는 수많은 관계 중에는, 스쳐 지나갈 때 가장 아름다운 순간도 있고, 그것으로 충분했던 시간들도 있습니다.
 관계의 변화는 두렵지만, 때로는 그 상실이 우리를 더 성숙하게 만들어주기도 합니다. 관계란 억지로 붙잡는 것이 아닌, 자연스럽게 흐를 때 오히려 더 깊은 의미를 발견하게 해주니까요.
 가장 중요한 것은 현재 내 곁에 있는 사람들과의 관계를 소중히 하는 일일 것입니다. 과거에 머무르기보다는, 지금 내 삶에서 서로를 이해하고 함께 걸어가는 이들과 더 깊은 관계를 만들어가는 것이겠지요. 우정의 상실이 늘 아픔만은 아니듯, 새로운 만남을 통해 또 다른 삶의 깊이를 발견하고, 그 과정에서 우리의 마음도 더욱 깊어지는 게 중요하지 않을까 싶은 거죠.

서로 많은 추억을 공유하는 친구,

취향을 넓혀주고 좋을 때나 나쁠 때나

마음 편하게 기댈 수 있는 친구,

내 영혼을 어루만져주고 성장시켜줄 수 있는 친구,

그런 친구가 당신 곁에 언제나 함께하기를.

오해를
두려워하지 않을 때

최근에 속상한 일이 하나 있었습니다. 꽤 큰 고민거리가 있어서 혼자서만 끙끙 앓다가 그 문제를 잘 이해해줄 것 같은 지인에게 힘들게 이야기를 꺼냈지요. 그런데 그의 반응은 차가웠습니다.

"난 또 뭐라고. 별일도 아닌데 왜 그렇게 힘들어해?"

그 딴에는 위로한다고 꺼낸 말이었겠지만 굉장히 속이 상했습니다. 해결책을 바란 건 아니었지만 적어도 제 힘든 마음에는 공감해주길 바랐는데, 그 고민거리와 함께 저 자신까지 별것 아닌 존재로 취급된 것 같았죠.

이처럼 내 마음을 알아줄 거라 생각했던 이에게 이해받지 못한 경험을 저만 한 건 아닐 겁니다. 이런 일을 겪으면 정말 속상하고 슬퍼지죠. 다른 사람들과 굉장한 거리감도 느껴지고요. 아마 반대의 경우도 있었을 겁니다. 다른 누군가도 분명 제 무심함 탓에 비슷한 상처를 입은 적이 있을 거예요.

이렇게 생각하니 다른 사람을 이해하는 일이 어렵다는 생각이 들었습니다. 프로이트, 융과 함께 현대 심리학의 거장으로 손꼽히는 아들러 역시 『아들러의 인간이해』라는 책의 앞부분에 이렇게 털어놓고 있으니까요.

우리는 인간에 대한 이해 없이 오랜 시간을 살아왔고, 그 결과 서로 낯설어졌다. 우리는 자식을 이해하지 못하겠다고 한탄하는 부모와 자기를 이해해주지 않는다고 불평하는 자녀들을 자주 본다. (……) 대부분의 사람들은 인간 이해에 대해 무지하면서도 스스로 인간을 잘 안다고 자처하며, 또한 짧은 지식을 가지고 남을 가르치려 든다.

오스트리아 빈의 한 시민대학에서 1년간 강의한 내용을 정리한 이 책에서 아들러는 인간을 이해하는 게 굉장히 어려운 일이라고 털어놓습니다. 당연합니다. 사람은 저마다 성격도 다르고 생활 방식도 다르고 경험도 다른, 서로 완벽한 타인이기 때문이죠. 즉, 다른 사람을 이해하기 위해서는 스스로 인간을 잘 안다고 자처하는 대신, 모든 사람은 서로 다르기에 타인을 온전히 이해하는 일이 어렵다는 것을 아는 데서 시작해야 합니다.

김연수 작가 역시 단편소설집『세계의 끝 여자친구』의 '작가의 말'에서 이와 비슷한 이야기를 한 적이 있습니다.

나는 다른 사람을 이해한다는 일이 가능하다는 것에 회의적이다. 우리는 대부분 다른 사람들을 오해한다. 네 마음을 내가 알아, 라고 말해서는 안 된다. 그보다는 네가 하는 말의 뜻도 나는 모른다, 라고 말해야만 한다. 내가 희망을 느끼는 건 인간의 이런 한계를 발견할 때다. 우린 노력하지 않는 한, 서로를 이해하지 못한다. 이런 세상에 사랑이라는 게 존재한다. 따라서 누군가를 사랑하는 한, 우리는 노력해야만 한다. 그리고 다른 사람을 위해 노력하는 이 행위 자체가 우리 인생을 살아볼 만한 값어치가 있는 것으로 만든다.

다른 사람을 이해한다는 건 굉장히 어려운 일입니다. 정말 많은 노력이 필요하죠. 하지만 바로 그 때문에 우리는 누군가를 이해하기 위해 끊임없이 사랑하는 건지도 모르겠습니다. 김연수 작가의 말처럼 사랑도 이해도 노력을 필요로 합니다. 그저 말하지 않아도 잘 알 거라고 생각하면, 마음은 전달되지 않고 서로 이해할 수도 없습니다. 가까운 사이, 사랑하는 사이일수록 솔직하고 적극적으로 표현해야 합니다. 당연히 상대의 마음도 잘 헤아리면서요.

가족을 이해하는 일도 마찬가지입니다. 한집에서 오랜 시간을 함께 보낸 가장 가까운 관계이지만, 막상 표현하지 않아도 잘 이해하겠지 하는 생각은 착각일 때가 많습니다.

제가 어릴 때의 일입니다. 어느 날 갑자기 어머니가 제게 잠시 친구 집에 가 있으라고 말씀하셨죠. 이유는 몰랐지만, 그렇게 친구 집에서 한 달 가까이 지내는 동안 저는 별다른 생각 없이 마냥 신나게 보냈던 것 같습니다. 그런데 시간이 훌쩍 지난 뒤, 어느 날 어머니에게 이런 말을 듣게 됐습니다.

"승환아, 너 어릴 때 아빠 되게 아팠던 것 기억나니?"

"응? 처음 듣는 얘긴데? 그런 일이 있었어?"

낯선 이야기에 무척 놀란 제게 어머니는 말씀하셨습니다.

"너 열 살 때 친구 집에 잠깐 가 있었잖아. 그때 아빠가 너한테 아픈 모습 보여주기 싫어서, 한 달 동안 친구 집에서 살게 한 거야."

처음에는 이 얘기를 듣고 당황스러웠습니다. 아니 왜? 아들인데 그런 모습 보는 게 뭐가 어떻다고. 왜 그러셨는지 잘 이해가 되지 않고, 가족인 제게 그 일을 감췄다는 것에 화도

났죠. 이런 제게 어머니는 말씀하셨습니다.

"사랑해서 그래. 너무 사랑해서. 어린 너한테 늠름하고 강한 모습으로만 기억되고 싶지, 아픈 모습으로 기억되기는 싫다고 하셨거든."

아버지의 그런 마음을 절실하게 이해하게 된 것은 저 역시 똑같이 아버지가 되고 난 뒤의 일이었습니다. 딸아이의 얼굴을 보자 미처 알지 못했던 아버지의 마음이 그제야 조금은 이해가 되더군요. 어떤 이해는 이처럼 경험을 필요로 합니다.

언젠가 저는 그 마음을 담아 「딸에게 보내는 편지」라는 글을 쓴 적이 있습니다. 자식을 사랑하는 마음에 공감하는 많은 분들이 사랑해주셨죠.

그날 이후 세상에 무릎 꿇고 싶어질 때 그 말을 생각해.
"사랑해서. 너무 사랑해서."
네 할아버지와 할머니가 아빠를 사랑한다는
말에 대한 의미를 이제 너무 잘 알게 됐거든.
아빠를 위한 마음 말이야.

딸, 아빠가 하고 싶은 이야기는 이거야.
어떤 일이 있어도, 무슨 일이 생겨도

결국 할아버지는 아빠를 사랑했다는 것.

아빠도 그래. 아빠는 너를 너무 사랑해.
사랑한다는 말이 때때로 잘 나오지 않을 때도 있을 거고
투박하게 표현하거나 어색해 보일 수 있겠지만,
언제나 진심으로 너를 사랑하고 있다는 거야.

세상이 너무 차가워 보이고,
누구도 너를 이해하지 못한다고 생각이 들더라도
아빠는 항상 너를 사랑한다는 것을 잊지 말았으면 좋겠어.

아빠만은 언제나 너의 편에 서서
응원하고 있다는 사실을 알아줬으면 좋겠어.

힘에 부치더라도 끝까지
너의 손을 놓지 않겠다는 약속을 믿어주면 좋겠어.

너는 아빠의 사랑을 받는 사람이니까.
사랑으로 이 세상에 나온 아이니까.

사랑한다. 딸.

서로 이해가 부족하면 갈등이 생깁니다. 가족이나 친구, 연인에게 못난 자존심을 내세우며 다투는 경우도 있고, 학교나 직장 선후배와 충돌하기도 합니다. 더 크게는 지역이나 국가 사이에 오해가 커져 큰 다툼이 일어나기도 하죠.

아마도 누군가는 이렇게 말할 수 있을 겁니다. 그런 오해도 시간이 지나면 자연스레 풀리지 않겠느냐고 말이죠. 하지만 서로 노력하지 않으면 오해는 쉽게 풀리지 않습니다. 핵심은 우리가 서로 이해하기 어렵다는 사실 그 자체가 아니라, '그럼에도' 서로를 위해 노력할 수 있고 사랑할 수 있다는 것이지요.

설령 완벽하게 이해하는 일이 불가능하더라도 계속 관심을 기울이고 이해하려 노력할 수 있다는 것, 그것이 바로 사랑입니다. 알랭 드 보통의 소설 『왜 나는 너를 사랑하는가』에는 이러한 사랑과 이해에 대해 아름답게 묘사하는 장면이 나옵니다. 바로 공항에서 처음 만난 클로이에게 한눈에 반해 사랑에 푹 빠진 남자 주인공의 모습이죠.

순간 나는 클로이의 팔꿈치 근처에 있던, 무료로 나오는 작은 마시멜로 접시를 보았다. 갑자기 내가 클로이를 사랑한다기보다는 마시멜로한다는 것이 분명해졌다. 마시멜로가 어쨌기에 그것이 나의 클로이에 대한 감정과 갑자기 일치하게 되었는지

나는 절대 알 수 없을 것이다. 그러나 그 말은 너무 남용되어 닳고 닳아버린 사랑이라는 말과는 달리, 나의 마음 상태의 본질을 정확하게 포착하는 것 같았다. 더 불가해한 일이지만, 내가 클로이의 손을 잡고 그녀에게 아주 중요한 이야기가 있다고, 나는 너를 마시멜로한다고 말하자, 그녀는 내 말을 완벽하게 이해하는 것 같았다. 그녀는 그것이 자기가 평생 들어본 말 중 가장 달콤한 말이라고 대답했다.

마시멜로한다는 고백, 그리고 그 고백을 평생 들어본 말 중 가장 달콤한 말이라고 이해한다는 것. 이는 결국 우리의 이해라는 것이 단순히 말의 정확성에 달린 문제라기보다는 마음의 진실성에 달린 문제라는 걸 보여줍니다. 진심 없이 던지는 '사랑한다'는 말보다, 진심이 담긴 '마시멜로해'라는 말이 사랑하는 마음을 훨씬 더 잘 전달하는 것이죠. 누군가를 완벽하게 이해할 수 없음에도, 끊임없이 상대에게 진정성 있게 다가서고 조금이라도 이해하기 위해 노력하는 자세. 그 자체가 바로 사랑일 것입니다.

이런 사랑이 담겨 있다면 '딸기해'라는 말도 좋고 '커피해'라는 말도 좋습니다. 설령 오해를 하면 어떻습니까? 사랑은 그런 오해를 두려워하지 않을 때 더욱 커지고 굳건해질 텐데 말이죠.

그러니 누군가를 사랑한다면, 두려워 말고 주저하지 말고 진심을 담은 말 한마디를 건네보는 건 어떨까요? 바로 지금요.

4부

흔들리지 않는
단단한 나로

_ 나의 세계를 살피다

당당하고
자유롭게

당신 인생의 목적은 무엇인가요? 누군가 묻는다면 저는 이렇게 대답할 것 같습니다. "나로 사는 것입니다"라고요. 이 대답을 조금 의아하게 생각하실 분도 있을 겁니다. '이미 모두들 나로 살고 있잖아?' 하고 말이죠. 그런 의문을 갖고 계신 분들에게 저는 이런 질문을 드리고 싶습니다. 지금 당신은 정말로 '나답게' 살고 있나요?

아마 쉽게 그렇다고 대답할 분은 많지 않을 겁니다. 단지 나로 사는 걸 넘어서, 나답게 산다는 건 좀 더 실존적인 고민이 필요한 문제니까요. 저 질문에는 오히려 아니라고 대답할 사람이 더 많을지도 모르겠네요. 슬픈 현실이지만 세상에는 하고 싶은 일을 하며 자유롭게 사는 사람보다 사회가 정해놓은 틀에 갇혀 하고 싶지 않은 일과 관계 속에서 정신없이 살아가는 사람이 더 많으니까요. 세상에서 가장 귀중한 존재인 자기 자신을 돌볼 틈도 없이 말입니다.

나답게 산다는 건 결코 쉬운 일이 아닙니다. 특히 오늘날 같은 초연결 사회에서는 더더욱 말이죠. 나답게 살기 위해서는 단단한 자존감을 갖는 것도 중요한데, 지금처럼 하루 종일 끊임없이 다른 사람의 삶을 엿보고 내 모습과 비교하게 되는 환경에서는 자존감을 지키기 쉽지 않습니다. 하지만 우리는 이 점을 명심해야 합니다. 행복하고 아름답게만 보이는 이의 삶에도 분명히 명암이 있고 장단점이 있다는 것을요. 이를 외면한 채 단점만 바라보면 장점마저 잃어버리기 쉽습니다. 그렇게 나다움을 잃어가는 분들에게 아잔 브라흐마 스님은『술 취한 코끼리 길들이기』라는 책에서 이런 이야기를 건넵니다.

한 스님이 절을 지었습니다. 그런데 공사를 마치고 보니 한쪽 벽면에 벽돌 두 장이 눈에 거슬리게 튀어나와 보였습니다. 그래서 혼자 '이 벽을 싹 허물고 다시 쌓아야 하나' 날마다 걱정하고 있었죠. 벽을 지날 때마다 신경이 쓰이고, 누군가 그 벽 앞에 서 있으면 한없이 부끄러워졌습니다. 그러던 어느 날, 한 방문객이 절을 둘러보다 그 벽을 가만히 보더니 스님에게 정말 아름다운 벽이라며 칭찬을 했습니다. 스님은 의아한 생각이 들어 그 벽엔 벽돌 두 장이 잘못 튀어나와 있다고 말했지요. 그러자 방문객은 스님을 보고 방긋 웃으며 이렇게 대답했습니다.

"제 눈에는 잘못 얹힌 벽돌 두 장도 보이지만, 그보다는 훌륭하게 잘 쌓여 있는 아흔여덟 장의 벽돌이 훨씬 더 잘 보입니다."

누구에게나 '벽돌 두 장' 정도의 부족함은 있기 마련입니다. 그 어떤 위대한 사람도 예외는 아니지요. 우리는, 그리고 인생은 결코 완벽할 수 없으니까요. 하지만 사람들은 유독 자신의 단점을 너무 크게만 생각합니다. 스스로 그렇게 느끼고 평가 절하하는 거죠. 우리는 자신만이 가진 장점을 좀 더 자랑스러워할 줄 알아야 합니다.

저 역시 이처럼 자신감이 없고, 타인의 시선이 걱정되던 순간이 많았습니다. 처음 오디오클립을 진행할 때도 그랬어요. 깔끔하지 않은 목소리나 사투리 섞인 말투가 어색하지 않을까 걱정이 많았죠. 학창 시절에도 어리숙한 발음으로 많은 놀림을 받아서 콤플렉스가 있었거든요. 이를 고치기 위해 많이 노력을 했는데도, 역시나 꽤나 많은 '악플'이 달리더군요. 상처를 받았지만, 저는 이 문장을 곱씹으며 용기를 가졌습니다.

사랑을 주지 못하는 사람은 사랑을 받을 수도 없듯이 스스로를 불신하는 사람은 다른 사람의 인정을 받을 수도 없다. 그러므로 자기 자신에게 무한한 관용을 베풀어라. 우리 자신은 충분히 그럴만한 가치가 있는 존재다. 적어도 나에게 나라는 존재는 그럴만한 가치가 있다. 그리고 다른 사람의 냉정한 눈빛을 마음에 새기고 가슴 아파하기보다는 스치듯 지나간 작은 미소일지라도 긍정적인 것을 기억하라. 다른 사람의 비판적인 시선과 거부가 정말 자신을 향한 것이었는지 직접 확인하기 전에는 절대 그것을 자신의 탓이라 지레짐작하고 무조건 수긍하지 말기를 바란다.

독일 심리학자 배르벨 바르데츠키의 『너는 나에게 상처를 줄 수 없다』의 한 구절입니다. 저자는 나 자신에게 무한한 관용을 베풀라고 말합니다. 저는 이 말에 굉장히 큰 위로를 받았습니다. 특히 나의 단점을 지적하는 상대의 말에 무조건 수긍하지 말라는 말이 도움이 됐죠. 또한 스스로 가치 있는 존재라고 여기면서 자신에게 무한한 관용을 베풀라는 말이 큰 힘이 됐습니다.

우리는 다른 사람의 잘못을 용서하라는 말은 자주 듣습니다. 하지만 사실 그런 관용은 타인이 아닌 나 자신에게도 절실하게 필요합니다. 『나는 나로 살기로 했다』의 김수현 작가

역시 다음과 같이 말하고 있습니다.

> 내가 내린 최종적인 결론은, 세상이 나의 존재를 무가치하게
> 여길지라도 나는 나를 존중하고, 나로서 당당하게 살아가도 된
> 다는 거였다.

결국 나다운 삶의 기초는 자기 자신을 긍정적으로 바라보
는 데서 시작합니다. 작은 단점에만 매몰되어 다른 수많은 장
점마저 스스로 평가 절하할 필요가 없습니다. 세상에 나라는
사람은 유일합니다. 어느 누구도 살지 못한 유일한 삶을 살고
있다는 것만으로도 우리 인생은 특별하며 가치 있고 매력적
입니다. 설령 단점이 있다고 해도 그보다 훨씬 많은 장점을
가진 존재이니, 충분히 스스로 자랑스러워해도 좋습니다. 당
당하고 자유롭게 나다운 삶을 살아도 됩니다.

나다운 삶을 살기 위해 가장 먼저 고민할 것은 다른 사람의
시선이나 비판을 신경 쓰는 게 아니라, 스스로를 평가하고 돌
아보는 일이어야 합니다. 바로 이런 질문을 던지면서요.

> 그대에게는 무엇이 매일매일의 역사인가? 그것을 구성하는
> 그대의 습관을 돌아보라! 그것은 무수히 많은 사소한 비겁과 나
> 태의 산물인가, 아니면 용기와 창조적 이성의 산물인가?

니체가 『즐거운 학문』에서 던진 질문입니다. 나다운 삶을 살기 위해선 바로 이런 질문을 자기 자신에게 끊임없이 던지는 게 필요합니다. 남의 말과 기준에 흔들리지 않고, 오직 나다운 삶을 용기 있게 살고 있는지를 스스로 점검하는 거지요.

나다운 삶을 산다는 건 평화롭고 잔잔한 호수를 유람하는 일과 다릅니다. 그보다는 큰 바다를 직접 항해하는 일과 같죠. 때로는 태풍과 거센 파도를 맞닥뜨리기도 하고, 고난의 시간을 지날 때가 많을 겁니다. 하지만 그 모든 과정을 겪고 나면, 분명 작은 호수에만 머물러서는 결코 얻을 수 없는 인생의 숭고한 의미와 가치를 찾게 될 것입니다. 그 어떤 어려움에도 흔들리지 않는 자신만의 단단한 삶의 태도를 가진 채로 말이지요.

마지막으로 그렇게 나다운 삶을 위해 기꺼이 큰 바다로 나아갈 용기를 낸 당신에게, 『그리스인 조르바』의 작가 니코스 카잔차키스가 자신의 묘비명으로 새긴 격려의 말을 건네고 싶습니다.

나는 아무것도 바라지 않는다. 나는 아무것도 두렵지 않다. 나는 자유롭다.

살아간다는 건
이별을 마주한다는 것

"좋은 곳으로 가셨을 거야."

무채색 옷을 입은 사람들이 찾아와 어머니께 위로의 말을 건넵니다. 주위에는 검은 상복을 입은 친척들이 눈물을 훔치고 있습니다. 사실 어떤 위로의 말을 꺼낸다 해도 완벽한 위로가 되지 않을 것을 모두가 알고 있습니다. 그저 잠시 곁을 내준 일에 감사할 뿐이지요.

슬픔은 그렇게 다가옵니다. 모두에게 각자 다른 크기와 모양으로 말입니다. 한 사람의 슬픔을 완벽하게 공감할 수 있는 타인은 없습니다. 그래서 슬픔을 견디는 일은 근원적으로 각자의 몫입니다. 비슷하게 보이는 슬픔을 겪어도 누군가는 홀홀 잘 털어버리고 누군가는 오랫동안 절망에 빠져 삽니다. 어떤 방식이 옳은지 다른 사람이 판단할 수는 없습니다. 오직 당사자의 몫이니까요.

　사람들은 내게 말한다. '용기'를 가지라고 하지만 용기를 가져야 했던 시간은 다른 때였다. 그녀가 아프던 때, 간호하면서 그녀의 고통과 슬픔을 보아야 했던 때, 내 눈물을 감추어야 했던 때, 매 순간 어떤 결정을 내려야 했고, 아무렇지도 않은 듯 얼굴을 꾸며야 했던 때 그때 나는 용기가 있었다.
지금 용기는 내게 다른 걸 의미한다. 살고자 하는 의지. 그런데 그러자면 너무 많은 용기가 필요하다.

　철학자이자 비평가 롤랑 바르트의 『애도 일기』에 나오는 문장입니다. 이 책은 어머니가 세상을 떠난 뒤 작가가 쓴 짧은 일기와 메모를 모은 것인데요. 출간 일화가 흥미롭습니다. 바르트는 하루하루 어머니의 부재를 슬퍼하고 그리워하는 마음을 노트를 사등분해 만든 쪽지에 절실하게 담아냈는데, 상자 속에 담겨 있던 그 쪽지들이 롤랑 바르트가 사망한 뒤 30년이 지난 2009년에야 처음으로 세상에 나오게 된 것이지요.
　이 책에는 앞선 문장처럼 롤랑 바르트가 느낀 상실의 고통이 애절하게 묘사돼 있습니다. 그는 아픈 어머니를 간호할 때 필요한 용기는 어머니가 부재한 세상을 살아가기 위해 필요한 용기에 비하면 아무것도 아니라고 말합니다. 한 문장 한 문장 곱씹을 때마다 롤랑 바르트가 느낄 상심의 크기를 짐작할 수 있죠.

외할머니가 돌아가셨을 때, 어머니가 화장터에서 털썩 주저앉아 목 놓아 우시던 모습은 지금까지 뇌리에 깊이 박혀 있습니다. 지병을 앓으셔서 이별을 준비할 시간이 꽤 있었음에도, 그런 슬픔은 대비한다고 대비되는 것이 아니라는 걸 장례식 때 어머니의 모습에서 깨달았습니다. '만약 어머니나 아버지가 돌아가시면 나는 어떤 모습일까, 그 아픔을 감당할 수 있을까' 하는 슬픈 생각만 들었습니다.

살아간다는 건 필연적으로 사랑하는 이와의 이별을, 그의 부재와 마주하게 되는 걸 뜻하기도 합니다. 사랑하는 사람을 이 세상 어디에서도 다시 만날 수 없다는 슬픔. 롤랑 바르트와 제 어머니가 느꼈던 슬픔을 저도 언젠간 겪게 되겠죠. 그런 슬픔 앞에 우리가 할 수 있는 일은 거의 없습니다. 그저 어딘가 가늠할 길 없는 아픔을 겪은 이들이 있다는 걸, 그리고 사람은 누구나 그런 아픔과 상처를 가졌거나 가질 수밖에 없는 존재라는 걸 전제로 하는 조심스러운 위로와 애도만 가능하죠.

철학자 자크 데리다는 데카르트의 유명한 격언을 비틀어 "나는 애도한다. 따라서 나는 존재한다"라고 말했습니다. 타인의 슬픔을 공감하고 그것에 위로를 건네는 마음, 즉 애도를 통해서만 우리는 '인간됨'을 지켜갈 수 있다는 거죠. 사람은 누구나 사랑하는 사람과 함께 살아가는 법이기에, 사랑을 잃는 슬픔 역시 마주할 수밖에 없습니다. 따라서 슬픔을 공부하고 애도를 공부한다는 것은 곧 우리 자신을 공부하는 일이기도 합니다.

그렇다면 과연 우리는 어떤 애도를 해야 할까요? 번역가이자 문학평론가인 왕은철 교수는 자신의 에세이 『애도예찬』에서 심리학자 프로이트가 아들을 잃은 친구를 위로하며 보낸 편지글을 소개합니다.

우리는 그러한 상실 이후에 애도의 극심한 상태가 진정되리라는 걸 알지만, 동시에 우리가 위로할 길 없는 상태로 있을 것이며 대리인을 결코 찾지 않을 것이라는 것도 알고 있지요. 무엇이 그 틈을 메우든, 설령 그 틈이 완전히 메워진다 할지라도, 그것은 뭔가 다른 것으로 남아 있어요. 그리고 실제로 그것은 그래야 해요. 그것은 우리가 버리고 싶지 않은 사랑을 영속시키는 유일한 방법이니까요.

사랑하는 사람을 잃은 뒤에 생기는 빈틈. 우리는 모두 그런 상처를 품은 채 살아갑니다. 때로는 이런 생각이 들 때도 있죠. '사랑하는 사람이 없는 세상을 이렇게 웃고 떠들며 살아가도 될까? 혹시 내가 그를 깊이 사랑하지 않았던 걸까?' 하고요. 이런 생각은 대개 죄책감과 함께 찾아옵니다.

그러나 이별을 마주했을 때 슬픔에만 계속 잠겨 있는 건 좋은 애도 방식이 아닙니다. 프로이트의 말처럼 우리가 할 수 있는 최선의 애도는 오히려 이별 이후의 세상을 더 크게 웃고 울고 떠들며 살아가는 것이죠. 왜냐하면 그것이야말로 "버리고 싶지 않은 사랑을 영원히 지속시키는 유일한 방법"이니까요. 상실의 아픔을 딛고 위대한 작품을 남긴 롤랑 바르트와 존 버거, 그리고 사랑하는 가족과 하루하루 행복한 기억을 쌓고 계신 저의 어머니처럼 말이지요.

언젠가 친구와 이런 이야기를 나눈 적이 있습니다. 어릴 땐 한밤중에 걸려온 전화도 마냥 반갑기만 했는데, 이제는 덜컥 겁부터 난다는 것이죠. 이처럼 누구나 만남보다 이별이 잦아지는 시기를 마주합니다. 이런 이별은 아무리 자주 해도 익숙해지질 않지요.

하지만 그럼에도 우리는 계속해서 삶을 살아야 합니다. 이어달리기에서 바통을 건네받은 주자처럼 우리 눈앞에 놓인 시간을 헛되이 보내지 말고 열심히 살아야 하죠. 서로의 슬픔을 조심스레 나누고 위로하면서 말입니다. 왜냐하면 그렇게 떠난 이의 몫까지 최선을 다해 행복하게 살아가는 것이야말로 우리가 사랑하는 사람을 위해 할 수 있는 최고의 애도이자 애정 표현일 테니까요.

불가능한 꿈을
꿀 용기

여기 커다란 풍차를 향해 돌진하는 한 남자가 있습니다. 양손에는 창과 방패를 들고, 빼빼 마른 몸에는 지나치게 크고 낡을 대로 낡은 갑옷을 걸치고 있네요. 타고 있는 말도 작고 늙어서 계속 숨을 헐떡이지만 그 기세만큼은 제법 위풍당당합니다. 겉보기에는 괴짜 같지만 알면 알수록 용기 있고 매력이 넘치는, 제가 가장 사랑하는 캐릭터 가운데 하나인 그는 바로 돈키호테입니다.

사실 저는 세르반테스의 소설 『돈키호테』를 어릴 적 만화책과 문학 전집으로만 접했습니다. 그러다가 나중에 북큐레이터로 활동하면서 완역판을 처음 접했죠. 사전보다 더 두꺼워 보이는 두께의 책이 한 권도 아니고 무려 두 권이나 됐기에 깜짝 놀랐습니다. 잠시 호흡을 가다듬고, 거대한 풍차를 향해 돌진하는 돈키호테의 마음가짐으로 달려들었죠.

워낙 방대한 분량이지만 돈키호테와 산초 판사 그리고 로시난테의 유쾌하고 재기발랄한 모험을 따라가다 보면 자연스레 온몸에 용기가 샘솟는 걸 느낄 수 있습니다. 그는 '진정한 기사'로서의 의무와 특권을 이렇게 설명합니다.

불가능한 꿈을 꾸는 것. 무적의 적수를 이기며, 견딜 수 없는 고통을 견디고, 고귀한 이상을 위해 죽는 것. 잘못을 고칠 줄 알며, 순수함과 선의로 사랑하는 것. 불가능한 꿈속에서 사랑에 빠지고, 믿음을 갖고, 별에 닿는 것!

불가능한 꿈을 꾸는 것, 그 속에서 사랑에 빠지고 믿음을 갖고, 마침내 별에 닿는 것! 다소 낭만적이라는 생각이 들 수도 있지만, 오늘날 우리에게도 충분히 영감을 주는 말이라 생각합니다. 대모험의 끝에는 돈키호테의 묘비명이 나옵니다.

그 용기가 하늘을 찌른 강인한 이달고(작위가 없는 하급 귀족), 이곳에 잠드노라. 죽음이 죽음으로도 그의 목숨을 이기지 못했음을 깨닫노라. 그는 온 세상을 하찮게 여겼으니, 세상은 그가 무서워 떨었노라.

우리는 『돈키호테』를 통해 불굴의 도전 정신과 결단력, 신념을 지키기 위한 강한 용기를 배울 수 있습니다. 러시아 소설가 투르게네프는 인간을 햄릿형과 돈키호테형, 두 가지 유형으로 구분하기도 했는데요. 생각만 많고 쉽사리 행동하지 못하는 햄릿형과 달리 돈키호테형은 실수를 저지르기도 하지만 용기와 실행력을 갖추고 있죠. 다양한 캐릭터를 통해 인간 본성을 날카롭게 통찰하고 있어, 노르웨이 노벨 연구소는 『돈키호테』를 문학 역사상 가장 위대한 소설로 꼽은 바 있습니다.

여기서 돈키호테 이야기를 꺼낸 이유는 그에게서 배울 수 있는 용기야말로 우리가 살아가는 데 가장 필요한 요소이기 때문입니다. 용기가 없다면 우린 무엇 하나 제대로 할 수 없는 무기력한 하루하루를 보내고 말 것입니다. 꿈을 현실로 만들 엄두조차 내지 못할 것이고, 사랑하는 사람 앞에서도 계속 머뭇거리기만 할 테니까요. 그래서 괴테는 이렇게 말했습니다.

돈을 잃는 건 가벼운 손실이다. 명예를 잃는 건 꽤 큰 손실이다. 그러나 용기를 잃는 건 모든 걸 잃는 것이다.

또한 작가 폴 브루제는 이렇게 말했습니다.

용기 내서 생각하는 대로 살아라! 그러지 않으면 당신은 머 잖아 사는 대로 생각하게 될 것이다.

이 격언들은 지금도 인생의 갈림길에 서 있을 때마다 제게 큰 용기를 불어넣어 줍니다. 저는 종종 글쓰기 강의를 부탁받 을 때가 있는데요. 스스로 글을 잘 쓴다고 생각하지도 않고, 더욱이 그걸 다른 사람에게 가르칠 깜냥은 안 된다고 생각하 지만, 종종 지인의 부탁으로 강의를 나가게 되면 이것 하나를 강조합니다. 쓰고 싶으면 일단 용기를 내서 써야 한다고요.

사실 쓰지 않는 사람이 쓰는 사람이 되기 위해서는 굉장한 용기가 필요합니다. 다른 좋은 글과 비교하면서 자기검열도 하게 되고, 다른 사람의 시선이나 평가가 두렵기도 하죠. 하 지만 그런 것에 겁을 먹으면 결국 평생 어떤 글도 쓰지 못할 겁니다.

행동하라. 무엇인가를 행하라. 하찮은 것이라도 상관없다. 죽 음이 찾아오기 전에 당신의 생명을 의미 있는 뭔가로 만들라. 당 신은 쓸데없이 태어난 것이 아니다. 당신이 무엇을 위해서 태어 났는지를 발견하라. 당신의 최소한의 임무는 무엇인가? 당신은 우연히 태어난 것이 아니다. 명심하라.

베르나르 베르베르의 소설『개미』의 문장입니다. 우리나라는 물론 전 세계적으로 많은 사랑을 받은 작품이죠. 놀라운 상상력이 가미된 설정과 세밀하면서도 감탄이 나오는 묘사로 시간 가는 줄 모르고 탐독했던 기억이 있습니다. 그 누구도 쓸데없이 태어난 것이 아니며, 사람이 태어난 임무는 사회나 다른 사람이 부여하는 게 아니라 오직 스스로 발견하는 것이라는 말은 우리에게 정말 큰 용기를 줍니다.

한 사람의 용기가 인류의 역사에 엄청난 영향을 준 사례가 있습니다. 1970년 12월 7일, 어느 탑 아래에 과감히 무릎을 꿇었던 한 남자, 바로 당시 서독 총리인 빌리 브란트가 보여준 용기입니다. 제2차 세계대전 당시 나치 독일에 의한 끔찍한 학살이 이루어졌던 현장인 폴란드 바르샤바에 세워진 유대인 기념비 앞에 선 그는 묵념과 유감 표명 정도만 할 거라는 예상을 깨고 용기를 내어 무릎을 꿇고 사죄했습니다. 한 나라의 수장인 총리로서 큰 정치적 파장을 불러일으킬 수 있는 행동이었지만, 그는 머리를 숙이는 것만으로는 사죄를 할 수 없겠다는 생각이 들어 용기를 냈다고 말했습니다. 결국 그의 용기는 "무릎을 꿇은 것은 한 사람이지만, 일어선 것은 독일 민족이었다"라는 이야기를 들으며, 과거사 문제에 대한 가장 훌륭한 모범 사례라는 평가를 받고 있습니다.

이 밖에도 우리는 사회 불의에 맞서거나 다른 사람을 위해 기꺼이 자신을 희생하는 사람들을 종종 만납니다. 자유와 평등을 위해, 독립이나 민주화를 위해, 인종차별과 성차별을 철폐하기 위해 헌신한 수많은 이들의 용기로 인류는 지금처럼 발전할 수 있었고 앞으로 더 나은 모습으로 나아갈 수 있는 거죠.

개인의 사소한 일상에 있어서도 용기는 필요합니다. 예컨대 우리가 자기 자신을 바꾸는 데에도 용기가 필요하고, 누군가에게 잘못을 했을 때 사과하는 일 또한 큰 용기를 필요로 합니다. 그리고 그 무엇보다 사랑을 하는 데에도 용기는 절실히 필요한데, 그 사랑하는 마음이 용기를 키워주기도 하죠. 여기서 잠시 용혜원 시인의 「내 마음을 물들이는 그대의 사랑」을 감상하겠습니다.

너를 바라보고 살고 있다.
너를 생각하고
너를 사랑하면
나에게는 희망이 다가오고
세상 모든 것이
다 내 것이 된다.

내 마음속에
눈빛 스치며 웃고 있는 너를
못 견디게 못 견디게 그리워하며
가슴 아파하기보다는
사랑받기를 원한다.

너를 사랑하지 못하면
내 마음은 자꾸만 자꾸만 작아지고
초라해져서 살아갈 용기가 나지 않는다.
내 짙은 그리움으로 사랑하지 못하면
어디를 떠나도 갈 곳이 없다.

사랑을 받지 못하면
캄캄한 어둠 속으로
빠져들어가는 것만 같다.
나는 내 마음을 물들이는
그대의 사랑을 받고 싶다.

다들 용기를 내지 못해 놓쳐버린 사랑이 있을 겁니다. 자존
심만 내세워 미안하다는 말을 못 하고 상처를 준 사람도 있겠
죠. 그 모두가 자신의 용기 없고 나약한 마음 때문이었다는

걸 뒤늦게 깨닫습니다. 하지만 우리는 사랑 앞에서 비겁해지면 안 됩니다. 용기를 내야 하죠. 사랑 없이는 살아갈 용기가 나지 않는다는 시인의 고백은, 바꿔 말하면 우리에게 가장 큰 용기를 불어넣어주는 것이 바로 사랑이라는 말과 같습니다. 매일 아침 출근하기 전 가족들에게 듣는 "힘내세요" "잘 다녀오세요"라는 말이나, 친구와 연인에게 듣는 "사랑해"라는 말만큼 우리에게 힘이 되는 말이 또 있을까요. 시인의 말처럼 사랑 없는 삶은 캄캄한 어둠 속에 홀로 있는 것과 같습니다. 살아갈 용기를 잃어버린 빈껍데기가 되는 거죠. 그러므로 우리는 그 무엇보다 용기 있게 사랑해야만 합니다.

우리는 오직 한 번만 살 수 있습니다.
매일매일 용기 있게 충실하게 살아야 할 이유죠.

다른 누구의 인생을 사는 것도 아니고
오직 나만의 인생을 살 수 있는 데
좀 더 대범하게 도전해야 합니다.

패배하거나 실패해도 좋습니다.
성공은 바로 그 속에서 싹트는 것이니까요.
용기 없이 아무 시도도 안 하면

실패도 없겠지만 성공도 없을 테니까요.

용기는 우리에게 많은 기회를 줍니다.
꿈과 사랑을 이루게 하고,
실수를 만회해 관계를 회복하기도 하지요.
또한 우리에게 자신감과 활기를 불어넣습니다.

그러니 용기를 내지 않을 이유가 없습니다.
한 걸음만 더 나아갈 용기가 있어도
세상을 바꾸고 자기 자신을 바꿀 수 있습니다.

용기를 잃지 마세요.
포기하지 마세요.
자기 자신의 삶과 사랑하는 사람들을 위해
지금, 바로 당신 앞에 있는 용기를 움켜쥐세요.

한 사람이
내 삶의 의미가 될 수 있을까

"승환이 네 존재가 내 인생에서 가장 큰 의미다."

언젠가 당신 인생의 가장 큰 의미가 무엇인지 물었을 때, 아버지는 이렇게 대답하셨습니다. 뭔가 뭉클하면서도 자기 자신이 아닌 자식인 저를 인생의 가장 큰 의미라고 말씀하시며 웃는 모습에 마음 한편이 아려오기도 했습니다.

누구에게나 삶의 의미는 있습니다. 그게 뭔지 곧바로 대답할 수 없는 사람도, 충분히 시간을 들여 곰곰이 생각해보면 분명 소중하고 가치 있게 여기는 게 있지요. 하루하루를 살아갈 힘이 돼주는 그런 근본적인 어떤 것이요. 만약 그게 뭔지 잘 모르겠다면, 이 글을 읽어보는 것이 조금은 도움이 될지도 모르겠습니다.

서로 사랑하고 그 사랑의 감정을 기억할 수 있는 한, 우리는 우리를 기억하는 사람들의 마음속에 잊히지 않고 죽을 수 있네. 자네가 가꾼 모든 사랑과 모든 기억이 거기에 고스란히 남아 있겠지. 자네는 계속 살아 있을 수 있어. 자네가 여기에 있는 동안에 만지고 보듬었던 모든 사람들의 마음속에 말이야.

미치 앨봄의 『모리와 함께한 화요일』의 한 문장입니다. 우리나라는 물론 전 세계적으로 널리 사랑받은 베스트셀러여서 읽어본 분이 많을 겁니다. 저도 무척 감명 깊게 읽은 책인데, 특히 사랑의 감정과 기억이 남아 있는 한 계속 살아남을 수 있다는 문장을 읽고 전율했습니다. 사랑하는 사람들이 있다면 죽음이 그저 끝이 아니라는, 관계의 불멸성과 중요성을 잘 표현한 문장이었으니까요.

여러분은 다른 이들에게 어떤 사람으로 기억되고 있나요? 아름다운 사람, 의미 있는 사람으로 남겨질 말과 행동을 하고 있나요? 저는 이 문장을 읽으며, 되도록 많은 사람에게 따스하고 친절하게 대해야겠다고 다짐했습니다.

『모리와 함께한 화요일』은 저자가 매주 화요일마다 대학 시절 은사였던 모리 슈워츠 교수를 찾아가 삶과 죽음, 인생의 의미에 대해 인터뷰한 내용을 정리한 책입니다. 당시 모리 교수는 루게릭병에 걸려 죽음을 준비하고 있었죠. 그는 앞서 소개한 문장처럼 "죽음은 생명을 끝내지만 관계까지 끝내는 건 아니다"라는 메시지를 전하면서, 우리가 인생을 어떻게 살아가야 할지 스스로 고민하고 깨우치게끔 도와줍니다.

의미 없는 생활을 하느라 바삐 뛰어다니는 사람들이 너무 많아. 자기들이 중요하다고 생각하는 일을 하느라 분주할 때조차도 그 절반은 자고 있는 것과 같지. 엉뚱한 것을 좇고 있기 때문이야. 인생을 의미 있게 보내려면 자신을 사랑해주는 사람들을 위해서 살아야 하네. 자기가 속한 공동체에 봉사하고 자신에게 생의 의미와 목적을 주는 일을 창조하는 것에 헌신해야 하네.

그렇습니다. 인생을 의미 있게 보내려면 행복해야만 하고, 가장 큰 행복은 사랑을 통해 얻을 수 있습니다. 그런데 사랑이라는 것은 개인의 일방적인 감정이 아닙니다. 누군가를 사랑하고, 또 누군가에게 사랑받아야 하는 관계인 것이죠. 따라서 내가 사랑하고 나를 사랑해주는 이들을 위해, 그리고 생의 의미와 목적을 주는 일에 헌신하는 것이야말로 인생을 의미 있게 보내는 방법입니다. 의미 없는 생활로 바쁘게 시간을 낭비하거나 남의 시선만 신경 쓰며 살 필요가 없다는 것이지요.
인생의 의미를 사랑을 나눠주는 법과 사랑을 받아들이는

법을 배우는 것이라 말한 모리 교수. 그의 말처럼 사실 우리는 사랑이 중요하다는 걸 알면서도 사랑을 어떻게 잘 표현할 수 있고 또 받아들일 수 있는지는 깊이 고민해보지 않습니다. 물론 가장 중요한 건 진심이겠지만요.

그렇다면 우리가 살아가면서 가장 사랑해야 할 존재는 누구일까요? 예전에는 미처 몰랐는데, 나이가 들수록 새삼스레 그 소중함을 더 절실히 깨닫는 존재가 있습니다. 바로 가족입니다. 물이나 공기처럼 내 곁에 있는 것이 너무도 당연해서 소중함을 잊고 살았던 거죠. 가족의 소중함을 절실히 느끼게 해준 문장이 여기 있습니다.

당신 옷들은 어떻게 하면 좋겠소? 사랑하는 이가 죽은 후에 따라오는 이 질문을, 지금도 셀 수 없이 많은 집에서 하고 있겠지. (……) 그 질문은, 아무 대답도 허락하지 않는 은밀한 의문처럼 가까운 곳에서 계속 떠오른다오. 당신 옷 몇 점을 이 글에도 걸어 두겠소.

존 버거의 에세이『아내의 빈 방』의 한 구절입니다. 맨부커상을 수상한 소설가이자 화가, 비평가였던 그가 쓴 수많은 책 중에서 저는 이 책을 가장 좋아합니다. 평생의 동반자였던 아내를 먼저 떠나보내고 난 뒤에 쓴 글과 그린 그림이 담긴 책인데요. 가족의 소중함과 사랑의 의미를 절실히 생각하게 해줍니다.

저는 앞선 글을 읽으며 눈물을 뚝뚝 흘렸습니다. 떠나보낸 뒤 남은 이들이 해야 할 일들, 계속해서 삶을 살아내면서 떠난 이의 부재를 마주하게 되는 가슴 아픈 상황이 마음에 와닿았기 때문입니다. 당신 옷 몇 점을 이 글에도 걸어 두겠다는 말, 그 문장에 담긴 진심이 제게도 절실하고 생생하게 전해졌습니다. 그리고 언젠가 "네 존재가 내 삶의 가장 큰 의미다"라고 말씀하신 아버지의 말씀이 문득 이해가 됐습니다. 저의 가장 큰 기쁨과 행복의 근원 역시 어디 먼 곳에 있는 거창한 목표 같은 게 아니라, 아버지의 말씀처럼 바로 제 곁 아주 가까운 곳에 있었던 거지요.

나만의 즐거움이나 목표를 추구하는 일도 물론 중요합니다. 하지만 언제나 곁을 지켜주는 가족의 존재를 잊지는 마세요. 그렇게 모두가 나의 행복과 가족의 행복을 함께 좇았으면 좋겠습니다.

당신이
내 삶의 의미입니다.

당신으로 인해
세상을 보는 선량함과
친절하고 상냥한 마음을
키울 수 있었습니다.

당신으로 인해
세상에 흔들리지 않고
변질되지 않으며
상처받지 않을 수 있었습니다.

당신으로 인해
삶을 대하는 정직한 태도와
사람에 대한 믿음을
온전히 배울 수 있었습니다.

평범하고도 보잘것없는 내 일상에
행복과 감사의 마음을 갖게 하고
고귀하게 빛나는 하루하루와
따스한 감정을 가질 수 있게 하는 사람.

바로 당신이 내 삶의 의미입니다.

낭만의 바다를
헤엄치는 법

어느 가을날이었습니다. 형형색색으로 물든 단풍을 구경하려고 아내와 딸아이와 함께 설악산을 찾았습니다. 한껏 무르익은 가을의 정취를 만끽하려는 사람이 무척 많았죠. 저희 가족 바로 앞에 형형색색 화려한 등산복을 입고 올라가는 중년의 여성분들이 있었는데, 떨어진 단풍잎을 보며 "어머, 예뻐라! 왜 이리 예뻐"라고 하시며 단풍잎을 서로의 머리에 꽂으시더군요.

그 모습이 낭만적으로 보여서 슬며시 미소를 지었는데, 곁에 있던 딸아이 역시 그 모습이 좋아 보였던 것 같습니다. 똑같이 단풍을 줍더니 "어머, 예뻐라!"하며 머리에 단풍을 꽂는 시늉을 하더라고요. 그 모습이 너무 귀여워 웃음을 터뜨렸습니다. 딸아이는 그날 배운 "단풍이 예쁘다"는 말을 이후에도 한동안 계속했습니다. 그 덕분에 다시 일상으로 돌아와 바쁘게 일하면서도 길가의 단풍잎만 보면 딸아이의 모습이 떠올라 행복했죠.

역시 행복은 별다른 게 아니라 이런 일상의 사소한 기쁨과 낭만을 찾는 일이 아닐까 합니다. 그건 일상이 아무리 바쁘고 정신없더라도 얼마든지 가능합니다. 점심시간에 짬을 내서 잠깐 산책하는 것도, 차 한잔 마시며 친구들과 대화를 나누는 것도, 추운 겨울 사랑하는 사람의 얼어붙은 손을 입김으로 녹여주는 것도 모두 일상의 기쁨이자 낭만이죠. 아주 잠깐 조금의 여유만 더해져도 빡빡하고 건조한 일상은 훨씬 부드러워집니다.

문득 이런 생각이 들 때가 있습니다. 그럭저럭 꽤 열심히 잘 살아왔다고 생각했는데 왜 이렇게 허무할까 싶은 거죠. 내가 지금 잘 살고 있는 건지, 어떻게 해야 잘 살 수 있을지 꼬리에 꼬리를 무는 의문과 후회의 상념에 잠 뒤척이게 됩니다. 그런 날엔 후회가 가슴에 사무쳐 툭 눈물이 흐르기도 하고, 아쉬움이 머릿속을 가득 채워 무기력해지기도 합니다. 내가 뭘 잊고 사는지, 뭘 찾아야 하는지 고민이 들 때 우리에게 필요한 것이 바로 일상의 기쁨과 낭만입니다.《허프포스트코리아》편집장인 김도훈 작가는 『우리 이제 낭만을 이야기합시다』에서 이렇게 말합니다.

세상은 우울증으로 넘친다. 사람들은 우울증으로 약을 먹는다. 그건 그저 우울하기 때문은 아니다. 뇌가 보내는 불가피하고 불가역적인 신호다. 그걸 고백한다는 건, 병원을 제 발로 찾는다는 건, 자신을 다시 다듬어서 세상과 다시 연결지점을 찾겠다는 의욕이다. 그런 사람들에게 필요한 건 다정함이다. 다정함이 당신의 친구들을 구원하지는 않을 것이다. 다정함이 세상을 구원하지도 않을 것이다. 하지만 우리는 세상을 구원할 수 있는 작은 가능성을 다정함으로부터 발견할 수 있다. 결국 우리는 하찮은 인간이다. 하찮은 인간과 인간은 결국 어떤 방식으로든 서로의 마음에 귀를 기울이며 세상을 살아낸다.

이처럼 낭만은 단지 옛 추억을 떠올리고 그리워하는 것만이 아닙니다. 세상을, 그리고 나의 삶과 타인의 삶을 다정하게 바라보는 태도인 거죠.

혹시 낭만이라는 말을 들으면 어떤 생각이 떠오르나요? 지금 누군가를 사랑하고 있다면 그와 만들어가는 낭만이 있겠죠. 그 밖에도 옛사랑의 추억, 가족과 행복하게 보낸 시간, 여행지에서 자유를 만끽했던 순간 등 다양한 낭만이 있을 겁니다. 저는 낭만을 생각하면 고야, 터너의 그림들이나 괴테, 하이네, 바이런 같은 작가들이 떠오릅니다. 바로 낭만이라는 말을 탄생시키고 낭만주의 예술을 꽃피운 예술가들이지요.

낭만이라는 단어는 일본 작가 나쓰메 소세키가 로맨티시즘Romanticism을 음차한 표현으로 단어에 담긴 별다른 의미는 없습니다. 오늘날에는 현실에 매이지 않고 꿈이나 공상의 세계를 동경하며 감상적이고 이상적으로 세상을 바라보는 태도를 뜻하죠. 능동적으로 개성을 표현하는 시대인 만큼 낭만은 우리가 자유롭고 폭넓은 사고로 이상을 추구할 수 있도록 돕는 추진력을 제공합니다.

낭만주의는 18~19세기 유럽을 휩쓴 예술운동입니다. 그때까지 유럽을 지배했던 건 논리와 이성, 균형을 추구한 엄격한 고전주의 사조였는데, 낭만주의는 이에 반발하면서 등장했습니다. 아름다움이 객관적인 이성과 균형이 아니라 주관적인 감성에 달려 있다고 여긴 거죠. 이 시기를 대표하는 작품이 바로 괴테의 서한체 소설 『젊은 베르테르의 슬픔』입니다. 사랑에 빠진 사람의 감정을 세밀하게 묘사하고 있어서 오늘날에도 많은 사랑을 받고 있는 작품입니다. 이 책에서 낭만적인 삶에 대해 묘사한 문장이 있습니다.

그 모든 일이 어떻게 끝날 것이며 어떤 뜻을 가지고 있는지에 대해서 겸허한 마음으로 인식한 사람, 여유 있게 사는 시민 하나하나가 그들의 조그마한 정원을 손질하여 낙원으로 꾸밀 줄 알고, 불행한 사람마저 그 무거운 짐을 지고 허덕거리면서도 끈기 있게 스스로의 길을 걸어가고 있으며, 모든 사람들이 똑같이 이 햇빛을 다만 1분간이라도 더 오래 쳐다보고 싶어 한다는 사실을 알아차린 사람은―그렇지. 그런 사람은 말없이 자기 자신 속에서 스스로의 세계를 창조하는 것이다. 그리고 그 역시 인간이기 때문에 행복하다고 할 수 있다. 그리하여 그는 아무리 제약을 받고 있더라도, 항상 마음속에서도 자유라는 즐거운 감정을 간직하고 있다. 자기가 원하면 언제라도 감옥 같은 이 세상을 벗어날 수 있다는 그런 자유의 감각 말이다.

세상이 감옥 같다고 하더라도, 자신이 원하면 언제든 자유를 되찾을 수 있다는 감각. 그것이 바로 낭만인 것이죠. 낭만은 멀리 있는 게 아닙니다. 개인이 자신만의 소소한 행복을 찾는 것, 작은 화분을 기르는 것, 잠들기 전 책을 읽는 것, 스스로 여유를 찾아내는 모든 것이 낭만입니다. 아무리 어려운 상황에서도 좌절하지 않고, 다른 사람의 평가가 아닌 오직 내 감정에 충실해 나만의 아름다움, 나만의 길을 뚜벅뚜벅 걸어가 행복을 찾는 것이 바로 낭만적인 사람이 지닌 놀라운 능력이죠.

인생이 지루하고 답답하다면, 내 삶의 작은 낭만을 찾아보는 건 어떨까요? 지나간 과거나 먼 미래가 아니라, 바로 지금 오늘 우리 눈앞에 있는 낭만을 찾아 누리는 겁니다. 오늘의 낭만을 잘 즐길 수 있다면, 잿빛으로만 보이던 인생도 어느새 제빛을 되찾았다는 걸 깨닫게 될 겁니다.

혹시 낭만은 청춘일 때나 누리는 거라고 생각하는 분이 있다면, 이 글을 함께 읽어보고 싶습니다.

> 나긋나긋한 몸매와 통통 튀는 용수철 같은 발걸음, 온몸으로 발산하는 생동감, 삶에 대한 도전과 자신감. 모두 멋지지만, 청춘이 아름다운 이유는 아마도 아직은 낭만을 잃지 않고 달콤한 사랑에 빠지는 나이이기 때문일 것이다.

장영희 교수의 에세이『이 아침 축복처럼 꽃비가』의 문장입니다. 이 글이 제 마음을 더욱 흔들었던 건, 작가가 걸어간 길을 잘 알았기 때문입니다. 생후 1년 만에 소아마비로 1급 지체장애 판정을 받게 된 그는 초등학교 3학년이 될 때까지 어머니의 등에 업혀 학교에 다녔다고 합니다. 그런 힘겨운 현실 속에서도 서강대학교 영문학과를 거쳐 뉴욕주립대학교에서 박사 학위를 받았고, 서강대학교에서 대학 교수를 지내셨죠. 하지만 고난은 계속되어 2001년에는 유방암, 2004년에는 척추암과 간암 판정까지 받으셨습니다. 저 문장을 가만히 읊고 있으면, 무척이나 고된 삶을 보내셨음에도 청춘의 아름다움을 노래한 작가의 따스한 마음이 전해집니다.

작가는 청춘이 아름다운 이유를 "낭만을 잃지 않고 달콤한 사랑에 빠지는 나이이기 때문"이라고 말합니다. 그런데 이 말을 바꿔 말하면, 누구든 낭만을 잃지 않고 달콤한 사랑을 계속할 수 있다면 청춘이 누리는 인생의 아름다움 역시 계속 누릴 수 있다는 뜻 아닐까요? 우리 모두 각자 자신만의 낭만의 바다를 간직한 채, 언제든 자유롭게 그곳을 헤엄치는 아름다운 삶을 살면 좋겠습니다.

그리고
인생은 아름다워진다

"아들아, 아무리 현실이 이러해도 인생은 정말 아름다운 것이란다."

만약 사랑하는 아내 그리고 아이와 함께 수용소에 갇힌다면 어떤 기분일까요? 상상만으로도 끔찍하고 도무지 세상을 아름답게 볼 수 없을 것 같은데요. 이런 현실 속에서도 아버지는 아이가 웃음을 잃어버리지 않도록 최선을 다하면서, 이렇게 말합니다. 그래도 인생은 정말 아름다운 것이라고 말이죠. 바로 오늘날까지 명작으로 손꼽히는 영화 「인생은 아름다워」의 한 장면입니다.

영화 속 대사처럼, 누구나 인생을 좀 더 아름답게 살고 싶을 겁니다. 하지만 세상엔 힘든 일과 어려운 일이 너무 많아서, 좀처럼 그 아름다움을 만끽하기 어렵습니다. 우리 역시 외향적인 아름다움에는 상당히 신경을 쓰지만 내면의 아름다움을 가꾸는 일은 소홀하기 쉽죠.

그렇다면 어떻게 해야 진정한 아름다움을 찾을 수 있을까요? 오늘날은 물질적인 풍요와 아름다운 것들로 넘쳐납니다. 하지만 그런 겉으로 보이는 것, 물질적인 풍요만으로는 앞선 질문에 답을 찾을 수 없다는 걸 우린 본능적으로 알고 있습니다. 왠지 모를 허무함을 느끼기 때문이죠. 그래서 우리는 그에 대한 답을 얻기 위해 책을 읽기도 하고, 철학이나 역사를 공부하기도 합니다.

저는 먼저 그 답을 예술의 시대에서 찾아보기로 했습니다. 바로 문화와 예술이 아름답게 꽃피던 시절인 르네상스에서 말입니다. 중세의 어둠을 지나, '개인'이 태어나고 삶의 아름다움에 대한 다양한 고찰이 이루어진 시기지요.

르네상스를 대표하는 예술 작품이라고 하면, 저는 피렌체의 두오모가 가장 먼저 생각나더라고요. 필리포 브루넬레스키라는 위대한 예술가가 설계한 작품으로 아름다운 돔에 지붕이 특징적인 대성당이죠. 그는 원근법을 발견해 예술사에 커다란 영향을 끼치기도 했습니다. 흥미로운 것은 그가 두오

모를 설계하게 된 계기가 '실패' 때문이었다는 사실입니다.

1402년 산 조반니 세례당의 나무문을 청동문으로 교체하게 됐을 때, 문에 새길 부조를 조각할 사람을 뽑는 공모전이 열렸습니다. 내로라하는 조각가들이 참가한 그 공모전은 그야말로 당대 최고의 조각가를 가리는 대회였습니다. 브루넬레스키는 그 공모전에서 최종 후보에까지 오르지만, 결국 조각가 기베르티에게 패배하고 맙니다. 기베르티의 작품은 미켈란젤로로부터 "천국의 입구처럼 너무 아름다워서 그 앞에 계속 서 있고 싶다"라는 평가를 받아 '천국의 문'이라는 별칭까지 얻게 됐죠.

실망스러운 결과였지만, 브루넬레스키는 이 실패에 굴하지 않았습니다. 그는 로마로 건너가 고대 건축을 연구했고, 다시 피렌체로 돌아와 아무도 성공하지 못했던 작품, 산타 마리아 델 피오레 대성당의 돔을 만들었습니다. 한 번의 실패에 굴하지 않고 새로운 도전을 통해 위대한 건축가로 이름을 남긴 그의 열정 어린 삶은 충분히 아름다웠다고 말할 수 있겠지요.

인생의 아름다움을 이야기하면서 르네상스와 피렌체 두오모 이야기를 꺼낸 것은 사실 제가 그곳에 대한 환상을 갖고 있기 때문입니다. 그 환상은 바로 소설『냉정과 열정 사이』를 읽

으며 생겨났죠. 에쿠니 가오리와 츠지 히토나리, 두 소설가가
각각 남자 주인공과 여자 주인공의 입장에서 쓴 이 작품은 영
화로도 제작될 만큼 많은 사랑을 받았습니다.

　　그때 나는, 평소에 없는 용기를 그러모아 말했다. 나로서는
태어나서 처음 하는 사랑의 고백이었으므로.
　　피렌체의 두오모에는 꼭 이 사람과 같이 오르고 싶다. 그렇게
생각했던 것이다.
　　준세이는, 너무도 준세이답게 주저없이 약속해주었다.
　　ー좋아. 10년 뒤 5월이라.

　아름다움을 이야기할 때 사랑은 결코 빠질 수 없을 겁니다.
이 문장을 보며 저는 피렌체 두오모에 대한 환상을 품게 됐습
니다. 사랑을 맹세하는 약속, 우리는 때때로 이런 약속을 하
죠. 언제 어디에서 꼭 만나자. 대부분의 약속은 지켜지지 않
지만, 약속을 하는 순간의 진심만큼은 충분히 반짝이고 아름
다운 것이겠죠. 그 시절의 풋풋한 모습을 떠올리면 피식 웃음
이 나곤 합니다.
　우리가 아름다움을 느끼는 사랑에는 연정만 있는 건 아닙
니다. 다른 사람을 인간적으로 사랑하는 인류애 역시 너무나
아름다운 사랑이죠. 혹시 『아홉살 인생』이라는 책을 기억하

시나요? 오래전 한 TV 프로그램에서 소개되어 많은 사랑을 받은 위기철 작가의 소설인데요. 1960년대 경상도 산동네를 배경으로, 아홉 살 꼬마의 동심 어린 눈을 통해 가난하고 소외된 이들의 일상을 정겹고 따뜻하게 그려냈습니다. 지금과는 배경이 상당히 다르지만, 저는 오늘날 우리가 이 책에서 정신적인 풍요를 찾는 법을 배울 수 있다고 생각합니다.

사람은 결코 외톨이도 고독한 존재도 아니다. 서로가 서로에게 힘이 되고 위안이 된다. 그리고 인생이 아름다워진다.

그렇습니다. 인생을 아름답게 만드는 것은 바로 이런 것들이겠죠. 서로가 서로에게 힘이 되고 위안이 될 때 말입니다. 인생은 함께 나눌 때 더 아름다워지는 법이니까요. 같은 프로그램에서 소개된 소설로, 꽃의 아름다움을 우리 삶과 연결해서 표현해 마음을 울린 문장도 여러분과 공유하고 싶습니다.

허리를 펴 주위를 둘레둘레 살펴보니 햇볕이 드는 곳마다 푸른 싹들이 비쭉비쭉 머리를 내밀고 있었다. 동수는 저 어린 풀들이 별도 잘 안 드는 공장 지대 한구석에서 긴 겨울을 어떻게 견뎌냈는지 신기했다. 그리고 아직 여린 민들레 싹이 비좁은 철문 틈에 뿌리를 내리고 꽃망울을 터뜨릴 수 있을지 걱정이 되었다.

그래도 민들레의 노란 꽃이 참말로 보고 싶어졌다. 동수는 민들레 싹 곁에 쭈그리고 앉았다. 그리고 손가락으로 담 밑에 먼지처럼 쌓여 있는 흙가루들을 쓸어다가 뿌리 위에 덮어주며 말했다.

"어떻게 그 긴 겨울을 견디고 나왔니? 외로웠지? 그래도 이렇게 싹을 틔우고 나오니까 참 좋지? 여기저기 친구들이 참 많다. 자, 봐. 여기 우리 공장 옆에도, 저기 길 건너 철공소 앞에도 네 친구들이 있잖아. 나도 많이 외롭고 힘들었는데 친구들 덕분에 이젠 괜찮다. 우리 친구 하자. 여기가 좀 좁고 답답해도 참고 잘 자라라. 아침마다 내가 놀아줄게."

이 소설 『괭이부리말 아이들』은 "괭이부리말은 인천에서도 가장 오래된 빈민 지역이다"라는 문장으로 시작되는데, 경제 성장의 뒤안길에 밀려난 힘없는 사람들의 모습을 연민과 동정의 시선 없이 담담하게 그려내는 작품입니다. 읽어보면 분명 감동을 느끼실 수 있을 겁니다. 힘들고 지쳐서 죽은 줄만 알았던 민들레가 아름다운 꽃을 다시 한번 피우기 위해 모진 겨울을 견디고 버텨낸 모습에서 시대를 초월한 우리 인생의 아름다움을 느낄 수 있으니까요. 저는 특히 "나도 많이 외롭고 힘들었는데 친구들 덕분에 이젠 괜찮다. 우리 친구 하자"라는 주인공의 말에서, 우리가 어떤 상황에 있을 때에도 함께 위로를 나눌 사람이 있다면 인생은 얼마든지 아름다울 수 있다는 사실을 깨닫게 됐습니다.

『아홉살 인생』과 『괭이부리말 아이들』의 내용은 지금 상황과 많이 다르긴 합니다. 그 시절을 모르는 분들이 지금 이 책을 읽는다면 어떤 생각이 들까 궁금하네요. 하지만 저는 시대를 초월한 이야기의 힘을 믿습니다.

지금까지 우리는 인생을 아름답게 만드는 것들에 대해 살펴봤습니다. 아름다움은 브루넬레스키처럼 포기하지 않는 열정에서도 나올 수 있고, 연인의 아름다운 사랑에서도 찾을 수 있습니다. 또한 『아홉살 인생』과 『괭이부리말 아이들』처럼 힘겨운 상황에서 서로를 위로하는 것에서 우러나올 수도 있죠. 이 모든 것들의 공통점을 하나 꼽자면, 바로 그 모든 아름다움이 지나간 과거나 먼 미래가 아니라 바로 지금 여기에 있다는 점일 겁니다.

퓰리처상을 수상한 시인 메리 올리버는 에세이 『완벽한 날들』에서 아름다움을 이렇게 표현합니다.

겨울 아침의 서리 사이로 반갑기 그지없는 소문이 들려온다. 미는 목적을 지니고 있으며 그걸 직감하는 게 평생 계절마다 우리에게 주어지는 기회고 기쁨이다.

오늘 푸른 하늘을 몇 번이나 보셨나요? 구름의 모양은 어땠나요? 혹시 출퇴근길 길가 한편에 피어 있는 들꽃을 보셨나요? 이처럼 우리는 매일의 아름다움을 많이 놓치고 살아갑니다. SNS에 담긴 사진들만 아름다운 것이 아닙니다. 시인의 말처럼 계절의 변화에도 아름다움은 담겨 있으니까요. 예술 작품을 감상하거나 문학 작품을 읽는 일도 그렇지요. 중요한 건 이를 통해서 우리가 일상의 아름다움을 발견할 줄 아는 안목을 기르는 일일 겁니다. 일상에 있는 다양한 아름다움을 만끽하며 살면 좋겠습니다. 그러면 우리 모두 아름다운 꽃이 되어 향긋한 내음을 온 세상에 풍길 수 있을 테니까요.

너와 나,
우리는 이 세계에서 함께

언젠가부터 혼자 밥 먹는 일이 많아졌습니다. 대학 시절만 하더라도 같이 식사할 사람이 없으면 굶을 때가 많았는데, 직장 생활을 하면서부터 점점 혼자가 익숙해지더군요. 저 같은 사람이 많아졌는지 이제는 혼술, 혼밥 같은 말이 일상적으로 쓰이고 식당에는 1인 메뉴도 많아졌습니다. 혼자 있는 사람을 더 이상 어색한 시선으로 바라보지 않게 됐죠. 주변을 둘러봐도 1인 가구가 굉장히 많아진 걸 알 수 있는데, 소비나 주거 문화, 사람들의 인식도 그에 맞춰 바뀌는 게 자연스러운 일입니다.

집단만 강조하던 문화에서 개인을 존중하는 문화로 바뀌

어가는 현상은 굉장히 좋은 일입니다. 하지만 어떤 일이든 밝은 면이 있으면 어두운 면도 있는 법이죠. 서로에게 지나치게 무관심해진 나머지 사회적으로 고립되는 사람들이 생기고, 심지어 아무도 모르게 혼자 죽음을 맞는 고독사 소식도 이따금씩 들려옵니다. 혼자 있고 싶어서 혼자라면 괜찮지만, 원하지 않게 고립되는 사람이 많아진다면 문제겠죠. 그렇다면 우리는 '혼자'와 '함께' 사이에서 어떻게 균형을 잡아야 좋을까요?

사실 우리에겐 그 둘 모두 중요합니다. 사람은 개별적인 존재인 동시에 사회적인 존재입니다. 세상 어느 누구도 혼자서는 태어나지도 살아갈 수도 없지요. 우리의 이름은 오직 다른 사람에게 불릴 때 의미가 있습니다. 로빈슨 크루소처럼 무인도에 갇힌 게 아닌 이상, 반드시 다른 사람과 함께 관계를 맺으며 살아야 하죠. 사랑이나 우정 등 살아가는 데 정말 중요한 가치 중에는 다른 사람의 존재를 필요로 하는 게 많죠. 그래서 심리학자이자 대중 철학자인 스벤 브링크만은 『철학이 필요한 순간』에서 우리를 '관계적 존재'라고 말하기도 했습니다.

다른 사람에게 관심을 가져야 하는 이유는 삶이 상호의존적이기 때문입니다. 삶은 기본적으로 다른 사람과 어떤 식으로든 관계를 맺는 일이며, 그것을 통해 그 사람 삶의 무언가를 자기 손에 쥐게 되는 일입니다.

사랑하는 두 사람이 만났을 때 가장 먼저 하는 일은 바로 서로의 손을 맞잡는 일입니다. 브링크만은 우리의 삶 역시 이처럼 다른 누군가에게 손을 건네고, 또 건네진 손을 붙잡는 여정이라고 말합니다. 서로가 서로에게 손을 건네고, 그 손을 붙잡는 것이 곧 삶이라는 문장은 우리 인간이 관계적 존재라는 사실을 정확하면서도 아름답게 묘사하고 있습니다.

그런데 이렇게 사회성과 관계성을 강조한다고 해서, 우리가 예전처럼 대가족이나 집단주의로 회귀해야 한다는 말은 결코 아닙니다. 개인의 성격과 취향, 자유를 존중하면서도 서로 함께할 수 있는 새로운 관계가 필요한 거죠. 가치를 공유할 수 있는 새로운 공동체를 만들어야 합니다. 그건 취미 생활을 함께하는 소모임이 될 수도 있고, 나눔이나 봉사를 통해 사회에 기여하는 모임이 될 수도 있죠. 어떤 형태든 끊임없이 다른 사람과 관계를 맺고 공동체를 만드는 게 필요합니다.

행복해지기 위해서는 왜 혼자가 아니라 누군가와 함께여

야 하는지, 에리히 프롬은 자신의 책『사랑의 기술』에서 이렇
게 설명합니다.

> 자기 자신에 대한 사랑과 타인에 대한 사랑 사이에 '분업'은
> 있을 수 없다. 반대로 타인을 사랑하는 것은 자기 자신을 사랑하
> 는 조건이 된다.

행복하려면 자기 자신을 사랑하라. 우리는 지금까지 이런
말을 많이 들어왔습니다. 그런데 프롬은 정반대로 말합니다.
다른 사람을 사랑해야 자기 자신을 사랑할 수 있다고 말이죠.
그가 이렇게 말하는 이유는 뭘까요? 아주 어린 아기의 모습
을 한번 떠올리면 그 이유를 선명하게 알 수 있습니다. 아기
는 자기 자신을 사랑하거나 사랑에 대해 배운 다음에 사랑을
시작하지 않죠. 먼저 부모님이나 가족 등 다른 사람을 사랑함
으로써 사랑을 배워갑니다. 즉, 사랑은 처음부터 외부 대상을
향해 있는 활동입니다. 이를 가리켜 프롬은 사랑은 개인적인
감정이 아니라 누군가와 함께하는 활동이며, 혼자 빠지는 게
아니라 함께 참여하는 것이라고 말합니다.

> 사랑은 수동적 감정이 아니라 활동이다. 사랑은 '참여하는
> 것'이지 '빠지는 것'이 아니다. 가장 일반적인 방식으로 사랑의

능동적 성격을 말한다면, 사랑은 본래 '주는 것'이지 받는 것이 아니라고 설명할 수 있다.

사랑과 관계, 행복에 대한 통찰이 가득 담겨 있는 철학 에세이 『사랑의 기술』은 1956년에 출간되어 60여 년이 지난 오늘날까지 많은 사랑을 받고 있습니다. 혼자가 강조되는 오늘날, 우리가 더더욱 관계에 대해 고민하고 다른 사람을 제대로 사랑하는 법을 배워야 하는 이유를 잘 설명하고 있죠. 혼자 있고 싶을 때도 있지만 외로운 것은 싫은, 우리는 결국 누군가를 사랑하고 감정과 일상을 나누고 함께할 때 살아 있음을 느끼고 행복을 느끼는 존재니까요.

사랑과 관계의 중요성에 대해 다시 한번 생각하게 된 경험이 있습니다. 어느 날 외근을 나갔다가 일을 마치고 퇴근을 하려던 참이었습니다. 지하철역 앞에서 《빅이슈》 잡지를 팔고 계신 판매원이 보이더군요. 한 권 살까 그냥 지나칠까 고민하고 있는데 얼핏 잡지 뒤에 딸려 있는 편지 같은 게 보이더군요. 문득 무슨 내용일까 호기심이 생겨 잡지를 사서 읽어 보았습니다.

편지에는 손 글씨로 하루 일과가 담겨 있었습니다. 사실 읽기 전까지만 해도 어둡고 슬픈 내용이겠거니 싶었는데, 그런 생각은 곧 산산이 깨졌지요. 때론 담담하게, 때론 감성적으로 묘사된 일기 형식의 글은 한 편의 에세이로도 손색이 없었습니다. 세상과 사람을 향한 진심과 따스한 시선이 담긴 좋은 글이었죠. 저도 모르게 가졌던 편견이 너무 부끄러워졌습니다.

다음 날, 저는 다시 한번 지하철역 앞을 찾았습니다. 그리고 인사를 드리며 조심스레 편지를 너무 잘 읽었다고, 제 감상을 말씀드렸죠. 그분은 환하게 웃으시며 이런저런 이야기를 해주셨습니다. 그렇게 즐겁게 대화를 나누고 나니 그분의 얼굴이 다르게 보였습니다. 이제 그 지하철역 앞에는 그저 노숙인 출신의 잡지 판매원이 아니라, 얼굴을 보면 인사를 나누고 서로의 인생 이야기도 나눌 수 있는 친구 한 사람이 서 있습니다.

우리는 환대에 의해 사회 안으로 들어가며 사람이 된다. 사람이 된다는 것은 자리/장소를 갖는다는 것이다. 환대는 자리를 내주는 행위이다. (……) 우리를 사람으로 만들어주는 것은 추상적인 관념이 아니라 우리가 매일매일 다른 사람들로부터 받는 대접이다.

이런 일이 있은 뒤, 김현경의 『사람, 장소, 환대』를 다시 읽으며 정말 크게 고개를 끄덕였습니다. 만약 제가 잡지에 딸린 편지를 읽지 않고 판매원과 대화를 나누지 않았다면, 저는 계속 편견 어린 시선으로 그분을 바라봤을 겁니다. 하지만 글을 읽고 대화를 나누며 비로소 그분을 한 사람의 인간이자 함께 사회를 살아가는 동료로서 바라볼 수 있게 됐습니다.

우리는 이렇게 이 세상을 함께 살아갑니다. 그리고 살아가는 모든 존재는 당연히 행복해질 자격이 있습니다. 하지만 진정한 행복을 얻기 위해서는 소중한 것에 마음을 쏟고 사랑할 줄 알아야 하죠. 오직 사랑할 줄 아는 사람만이 사랑도 제대로 받을 수 있기 때문입니다.

지금 내가 사랑하는 사람의 모습을 한번 떠올려보세요. 가족, 친구, 연인, 직장 동료…… 우리가 매일 만나는 사람들과 애정을 주고받고 편하게 소통할 수 있을 때에야, 비로소 우리는 행복하다고 말할 수 있습니다. 다른 모든 일이 아무리 잘 풀리더라도 소중한 사람과의 관계가 어긋나 있으면 쉽게 불행해지죠. 그 누구도 혼자서는 행복할 수 없습니다. 기쁜 일이 있거나 슬픈 일이 있을 때, 그것을 함께 이야기할 수 있는 존재가 우리에겐 반드시 필요하니까요.

그러니 하루하루 삶이 버겁다면,
혼자 힘들어하지 말고

내가 사랑하고 나를 사랑하는
사람들에게 한 걸음 다가가세요.

그 사람도 힘들 텐데,
혹시 날 싫어하진 않을까,
혼자 걱정하지 마세요.

어깨를 빌리고 마음을 털어놓고,
또 어떨 땐 내 어깨를 내주면서,
슬프고 어려운 일들을
위로하고 위로받으세요.

누군가에게 사랑받기를 원한다면
용기를 내서 먼저 사랑하셔야 합니다.
왜냐하면 사랑은
사랑을 건넬 때 더욱 커지니까요.

그렇게 이 세상을 살아가는 모두가
함께 행복했으면 좋겠습니다.
정말 많이 행복했으면 좋겠습니다.

겁먹거나 두려워하지 말고

기꺼이 사랑을 주었으면 합니다.

그것이 바로 나를 사랑하는 최고의 방법이자

우리 모두 행복해질 수 있는 가장 확실한 방법이니까요.

5부

내가 바라는 나로
살아가기 위해

_ 나의 바람을 살피다

지금도 묵묵히 자라나는
당신에게

르네상스 시대를 대표하는 철학자이자 작가인 미셸 드 몽테뉴라는 이름을 들어보셨나요? 우리가 오늘날 흔히 사용하는 에세이essay라는 단어를 처음 사용한 인물입니다. 이 단어는 프랑스어 essayer에서 유래한 것으로, '시도하다' '실험하다'라는 뜻을 가지고 있죠. 몽테뉴는 이 단어를 자신의 글쓰기 방식에 적용하여, 사유와 탐구를 통해 인간의 본질을 깊이 사색하는 글의 새로운 형태를 개척했습니다. 오늘날 에세이라는 형식은 이런 틀에 구애받지 않고 폭넓게 사용되고 있는데요. 몽테뉴는 『수상록』을 통해 에세이라는 장르를 탄생시켰습니다. 일상의 경험 속에서 철학적인 질문을 던지며 삶과 죽음 그리고 나이 듦에 대한 깊은 성찰을 이 책에 담았죠.

특히 '나는 무엇을 아는가?'라는 질문을 던지며 자신을 탐구하고 인간 본성을 이해하려 했는데, 삶과 죽음을 두려움이 아닌 자연스러운 순환의 과정으로 받아들이는 가치관이 저에게는 큰 힘이 되었습니다. 나이가 들면서 가지는 인생에 대한 끊임없는 질문들 속에 그의 빛나는 문장들은 저에게 명쾌한 가르침을 주기도 했습니다.

언제 생을 마감하든 그게 당신 몫의 전부다. 얼마나 살았느냐가 아니라 어떻게 살았는지가 중요하다. 오래 살았지만 조금 산 것일 수도 있다. 그러니 살아 있는 동안에는 삶에 전념하라. 충분히 살았는지의 여부는 실제로 몇 해를 살았는가보다 그대의 의지에 달려 있다. 끊임없이 지향하고도 이르지 못할 만한 곳이 있는가? 끝이 없는 길은 없다.

저는 이 문장을 읽으며 삶의 방향에 대해 다시 한번 생각하게 되었습니다. 몽테뉴는 단순히 오래 사는 것이 중요한 것이 아니라 삶의 순간들을 어떻게 채워가는가가 더 중요하다고 말합니다. 결코 피할 수 없는 어른이라는 시간을 어떻게 받아들이고 살아가야 하는지에 대한 선택지를 우리에게 준 것이지요.

어른이 되어서 저는 많은 것이 변할 줄 알았습니다. 불혹을 훌쩍 지나 한 아이의 아버지로 가장으로 살아가면서, 삶을 통찰하는 힘과 아픔을 견디는 힘이 강해질 거라 생각했는데 전혀 그렇지가 않더군요. 때때로 갓난아이처럼 쉽게 넘어지기도 하고 청소년기처럼 배회하는 시간도 생겼습니다. 종종 삶의 속도에 압도당하기도 하고 나이와 죽음을 외면하고 싶기도 하지만, 몽테뉴의 말처럼 삶과 죽음을 분리하는 것이 아닌 하나의 여정으로 받아들여 살아 있는 동안 삶에 전념하고 어른이라는 과정에도 익숙해져보는 게 어떤가 싶은 거죠.

그는 말합니다. "인간은 불완전하며, 이러한 불완전함이야 말로 우리의 진정한 모습이다." 누군가의 선망의 대상이 되려고, 인정을 받으려고, 완벽함을 추구하려고 애쓰다 지쳐가는 우리에게 큰 힘이 되어주는 몽테뉴의 말이 이렇게 속삭이는 것 같기도 합니다. 완벽하지 않아도 괜찮다고, 중요한 것은 자신의 삶을 사랑하고 그 속에서 배우며 성장하는 것이라고 말이죠.

반면 어른이라는 존재의 무게감은 분명 크게 느껴지는 것이 사실입니다. 가족, 타인 그리고 삶 속에서 이어지는 관계의 연결고리를 마주하며 그 안에서 나 자신의 위치를 돌아보게 되기도 하는데요. 과거에는 혼자만의 세계를 살아가는 것이 익숙했다면, 이제는 그 세계가 점차 확장되어 타인과 함께 살아가는 법을 배우는 과정에 놓이게 되는 것이 어른의 삶이 아닐까 합니다. 바로 그런 세계의 확장의 필수적인 요소로서 '연대'라는 단어를 떠올려보게 됩니다. 단순히 타인을 돕는 행위를 넘어, 서로의 존재를 제대로 인식하고 살아가는 방식에 대해 생각하게 되는 거죠. 저는 나란 작가의 에세이『행복을 담아줄게』에서 어른으로 사는 삶의 의미를 다시 한번 생각해보게 되었습니다.

함께 사는 삶에서 배울 수 있는 또 하나의 큰 장점은 연대 의식이다. '남에게 폐만 끼치지 말자'고 외치던 개인주의적 삶은 가족이라는 울타리를 넘어, 타인과 세상을 돌아보기까지 그 범위를 점차 늘려간다. 나와 직접적인 관련은 없지만 한 번은 마주쳤을 택배 기사의 무사고를 기원하고, 길가에서 마주치는 어린 아이들의 안전을 살피고, 필요할 땐 작은 도움을 주기도 하면서. 나와 같은 세계에 사는 이웃들 소식에 관심은 물론이고, 마음을 기울이게 되는 것이다.

이러한 연대의 가치를 바로 알고 실천하며 살아갈 때, 비로소 어른으로서의 성장을 이룰 수 있지 않을까요. 어른이 된다는 것은 단순히 나이를 먹는 일이 아닌 거죠. 삶을 더 넓게 바라보고, 타인의 고통과 기쁨에 공감하며 우리의 세계를 함께 가꾸어가는 과정이 아닐까 생각합니다.

이즈음에서 궁금해집니다. 그럼 어떤 어른으로 살아야 하는가 하고요. 단지 나이를 먹고 사회적 책임을 다하는 것으로 충분한 것일까요? 아니면 몽테뉴가 말했던 것처럼, 삶과 죽음을 자연스러운 여정으로 받아들이며 살아 있는 동안의 삶에 전념하는 태도가 필요할까요? 아니면 나란 작가가 강조한 것처럼 연대와 공감 속에서 끊임없이 배우고 자라나는 어른이 되어야 할까요?

어떤 어른으로 살아야 하는가를 묻는 질문은, 결국 '나는 어떤 삶을 살아가고 싶은가?'라는 질문으로 귀결됩니다. 그리고 그 질문의 답을 하자면, 우리는 어른이 되어서도 여전히 실수하고 흔들릴 수 있다고, 그러니 중요한 것은 삶의 무게를 견디며 나와 타인의 삶을 조금 더 나은 방향으로 가꾸려고 노력하는 것일 거라고요.

몽테뉴의 말처럼, 살아 있는 동안 삶에 전념하는 어른. 나란 작가의 말처럼, 연대와 배움을 통해 계속 자라나는 어른. 결국 어른으로 산다는 것은, 완벽해지는 것이 아니라 삶의 과정 속에서 자신과 세상을 이해하며 끊임없이 성장해나가는 존재가 되는 것. 그 속에서 미소를 잃지 않고 삶의 여유를 찾아보는 것. 그것이 요즘 제가 생각하는 어른입니다.

윤정은 작가의 소설『메리골드 마음 사진관』의 문장을 소개하며 글을 마칠까 합니다.

아마도 인생에 정답은 없는 것 같습니다. 다만 우리는 물음표를 지닌 채 선택을 하고 그 선택에 책임을 집니다. 최선을 다해. 그런 사람들을 우리는 어른이라 부르죠.

어른이 된다는 것은, 모든 문제의 답을 아는 사람이 되는 게 아닙니다. 오히려 자신의 선택에 책임을 지고 그 선택을 더 나은 방향으로 이끌어가려는 사람, 그 어떤 어려운 과정 속에서도 배움과 성장을 멈추지 않는 사람, 그리고 자신의 불완전함을 받아들이며 더 나은 내일을 만들어가려는 사람이 어른다운 어른 아닐까요.

윤정은 작가의 말처럼, 우리는 최선을 다해 어른으로 자라갑니다. 물음표가 많은 세상에서 그 물음표를 안고 앞으로 나아가는 용기. 그것이야말로 어른이 된다는 것의 본질일지도 모르겠습니다.

삶은 길고도 짧습니다. 계속 질문하고 탐구하는 삶의 과정 속에서 스스로를 키워나갈 수 있기를 바랍니다. 그것이야말로 어떤 어른으로 살아야 하는지에 대한 답이 되겠지요. 우리 모두 그렇게 조금씩 어른다운 어른으로 나아갈 수 있기를 바랍니다.

기꺼이 삶을 견디는
기쁨

인생이란 참 이상합니다. 어느 순간에는 삶이 완벽해 보이고 행복해 보이다가도, 다음 순간에는 그 모든 것이 무너지는 듯한 절망과 좌절을 느끼게 하니까요. 제가 자주 하는 '인생이 내 마음대로 흐르면 재미가 없다'라는 말은, 사실 고통과 아픔의 순간을 조금이나마 덜어내고자 스스로를 위안 삼으며 하는 말이기도 해요. 그럼에도 이런 상황 속에서 삶을 기꺼이 견디게 하는 것은, 삶의 진짜 의미를 계속해서 찾아나가는 인간이라는 한 생명체의 숙명이기도 할 것입니다. 고통은 불청객처럼 갑자기 찾아오지만, 그것이 우리의 마음을 단단하게 만들고 세상을 더 깊이 이해하게 만드는 도구가 되기도 하니까요.

이즈음에서 제가 가끔씩 생각날 때마다 펼쳐보는 책 한 권을 소개하고 싶습니다. 바로 헤르만 헤세의 『삶을 견디는 기쁨』이라는 책인데요. '헤세적 사고'를 잘 보여주는 책으로, 견디는 고통이 수반되어 있지만 삶 속에서 기꺼이 기쁨을 찾아내는 능동적인 자세를 담고 있습니다.

헤세는 책에서 이렇게 말합니다.

행복과 고통은 우리의 삶을 함께 지탱해주는 것이며 우리 삶의 전체라고 할 수 있다. 고통을 잘 이겨내는 방법을 아는 것은 인생의 절반 이상을 산 것이라는 말과 같다. 고통을 통해 힘이 솟구치며 고통이 있어야 건강도 있다.

감탄을 자아내는 명문장이 아닐 수 없습니다. 고통을 단지 우리가 살아 있음을 증명하는 것이 아닌, 성장하고 변화하고 있음을 알려주는 신호와 같이 표현하고 있기 때문인데요. 살아가다 보면 우리는 고통의 순간, 인생을 견뎌야 하는 순간들을 너무나 자주 마주하게 됩니다. 저 역시 피해 가지 못하는 순간들을 수시로 겪곤 하죠. 견뎌야 하는 상황들은 각자 다를 것이고, 그 고통의 무게 또한 제각기 다를 것입니다. 누구에게는 가볍게 넘길 수 있는 경험이 다른 누구에게는 삶의 근간을 흔드는 사건이 될 수도 있고, 그 반대의 경우도 있겠죠. 어떤 상황에서든 타인의 고통과 아픔을 감히 재단할 수 없는 이유가 여기에 있을 것 같기도 합니다. 왜냐하면 타인은 지금까지 그 순간을 이겨왔고 이겨내고 있는 중일 것이기에, 헤세의 말처럼 인생의 절반 이상을 산 것과 같은 인내와 강인함을 가진 존재이기에 타인을 섣불리 판단해선 안 됩니다.

어려서부터 저희 집에는 분재가 많았습니다. 아버지의 오랜 취미였는데, 정성스럽고 진중하게 나무를 손질하는 아버지의 모습을 볼 때면 왠지 모를 뿌듯함과 든든함이 느껴졌습니다. 꽤 오래전에 아버지에게 슬며시 물어본 적이 있습니다. 나무 키우는 일이 그렇게 좋으시냐고요. 그때 아버지가 하신 말씀이 참 기억에 남아 마음에 담아두고 있었습니다. 나무를 키우는 건 우리 삶을 가꾸는 것과 같다. 제때에 물도 주고 정성도 주며 온 마음을 다하면, 올곧게 자란 사람처럼 나무 또한 그렇게 자라게 된다.

사계절이 뚜렷한 한국에서, 추위가 매서운 겨울마다 외부에 있는 무거운 분재를 안으로 옮기고 정성껏 보살펴야 하는 수고스러움마저도 아버지에게는 삶의 기쁨이었던 것 같습니다.

헤세 또한 정원을 가꾸는 일을 매우 사랑했다고 합니다. 그는 매일 아침 정원에서 꽃을 손질하면서 큰 기쁨을 느꼈고,

정원 가꾸기를 통해 삶의 작은 순간들에서 행복을 발견하는 법을 배웠다고 해요. 저 또한 나무들을 키우고 있습니다. 아마 아버지의 영향 때문이겠지요. 나무를 키우면서 무언가를 아끼는 정성을 배우고 있어, 나무를 키우는 사람들은 어쩌면 참 다정한 사람들이라는 생각이 들기도 합니다.

헤세는 정원을 가꾸면서 꽃의 시듦과 새 생명의 탄생을 보고 이렇게 말했다고 하죠.

고통은 삶의 시드는 과정일 수 있지만, 그 속에서도 새로운 생명의 싹이 트고 있다.

수많은 삶의 고통을 겪는 가운데서도, 우리는 어떻게 해야 기꺼이 삶을 견뎌내는 긍정적인 사고방식을 가질 수 있을까요? 삶의 태도를 어떻게 설정하느냐에 따라 우리는 행복에 다가가기도 하고 슬픔에 함몰되기도 합니다. 인생은 우리에게 선택을 강요하지 않기 때문인데, 각자의 선택에 따라 삶의 방향이 결정되겠지요. 비가 내린 뒤에야 땅은 생명을 얻고 풍요로워지듯이, 고통을 견디는 삶은 새로운 기회를 싹틔우는 토양이 되기도 합니다. 우리에게 필요한 것은, 지금의 삶을 견뎌냄으로써 더 단단해질 수 있을 거라는 믿음과 그 과정을 기꺼이 받아들이며 성장해나가는 용기가 아닐까 싶습니다.

인생은 때때로 우리에게 흉터를 남기기도 하겠지만, 그 흉터들은 훗날 우리가 어떤 길을 걸어왔는지 증명하는 멋지고 명예로운 표식이 될 테니까요.

끝으로 고통 속에서도 삶을 잘 부여잡을 수 있도록 도와주는 글을 소개하겠습니다. 서로의 마음을 알아주는 것이 기꺼이 삶을 견디는 한 방법이 될 수 있음을 안내하는, 김금희 작가의 에세이 『식물적 낙관』에 나오는 문장입니다.

아무리 흔들리더라도 그대로인 것들이 있다. 아무리 바람이 세게 불어도 가지를 크게 흔들었다가 다시 바로 서는 나무들처럼. 다행히 내 곁에 그렇게 남아준 사람들이 있다. 얼마나 큰 좌절에 빠져 있든, 얼마나 아프게 실패했든, 그렇게 선선이 있어주는 마음을 알아차리는 순간을 만나면 실패에 대한 감각 자체가 누그러지고, 새 날을 향한 기대감이 찾아온다. 그리고 넘어질 일이 생기더라도, 갸우뚱한 상태로 그전보다는 삶의 무게를 더 잘 견딜 수 있게 된다.

우리는 모두 각자의 무게를 지고 살아갑니다. 어떤 날은 너무 버겁게 느껴져 뿌리가 뽑힐 것 같은 순간도 있겠지요. 그러나 중요한 건, 고통의 순간에도 나 자신을 향한 믿음과 신뢰를 잃지 않는 것입니다. 흔들리고 약해질 때 "괜찮아, 넌 잘하고 있어"라고 스스로에게 속삭이는 따뜻한 마음이야말로 우리를 다시 일으켜 세우는 가장 큰 힘이 되니까요. 또한 내 곁에 남아주는 사람들의 온화한 말 한마디와 눈길이 우리의 삶을 풍요롭게 만들고, 넘어질 때 서로 손잡아주는 그 순간이 기꺼이 삶을 견디고 다시 시작하게 하는 토양이 된다는 것을 잊지 않아야 합니다.

고통 속에서도 서로를 통해 삶의 이유를 찾고 삶의 무게를 나누면 좋겠습니다. 바람이 아무리 강하게 불어도 함께 견뎌낼 수 있다는 믿음이 우리의 뿌리를 더욱 깊게 내리게 하고, 나무처럼 다시금 우뚝 서게 만드는 힘이 된다는 것을 알았으면 좋겠습니다.

그러니 오늘도, 흔들리는 가지를 붙잡으며 삶의 기쁨을 잃지 말았으면 합니다. 고통은 때로 우리를 무너뜨리려 하지만, 결국 우리가 더 단단하고 아름다운 존재로 성장할 수 있도록 돕는 스승이 될 테니까요.

기꺼이 삶을 견디며, 고통 속에서도 빛나는 나날을 만들어가기를 바랍니다. 당신의 뿌리가 닿는 곳에는 언젠가 더 넓고 풍요로운 숲이 자라날 테니까요.

다정이
필요한 시간

가만 돌이켜보면, 상대의 마음을 들여다보고 공감하려는 노력이 관계를 유지하는 중요한 요소였던 때가 있었습니다. 하지만 요즘 세상에서는 관계에서도 효율성과 사실관계의 확인이 우선시되고, 감정적인 요소는 그 중요성이 희미해지고 있는 것 같습니다. 따뜻한 마음을 나누는 일이 점점 더 뒷전으로 밀려나고 있는 것 같아 안타깝지요.

이러한 변화 속에서 저는 '다정'의 가치를 떠올립니다. 다정은 단순히 친절하거나 상냥한 태도를 의미하는 것이 아닙니다. 타인의 감정을 이해하고, 그들의 입장에서 생각하며, 공감과 위로를 통해 마음을 나누는 행위의 또 다른 표현이지요.

일본 태생의 영국 작가로 맨부커상과 노벨문학상을 받은 가즈오 이시구로를 아시는지요? 노벨문학상을 받은 이후 6년 만에 발표한 소설『클라라와 태양』이 떠오릅니다. 앞서 말한 다정을 설명할때 문득 제가 스크랩해둔 문장이 생각나더 군요.

너는 인간의 마음이라는 걸 믿니? 신체 기관을 말하는 건 아 냐. 시적인 의미에서 하는 말이야. 인간의 마음. 그런 게 존재한 다고 생각해? 사람을 특별하고 개별적인 존재로 만드는 것? 만 약에 정말 그런 게 있다면 말이야. 그렇다면 조시를 제대로 배우 려면 조시의 습관이나 특징만 안다고 되는 게 아니라 내면 깊은 곳에 있는 걸 알아야 하지 않겠어? 조시의 마음을 배워야 하지 않아? (……) 네 능력이 아무리 뛰어나더라도 그건 능력 밖일 거 야. 아무리 신통하게 해낸다 해도 흉내 내는 것만으로는 턱도 없 을 테니까. 조시의 마음을 배워야, 그걸 완전히 알아야 하지, 아 니면 너는 절대로 조시가 될 수 없어.

이 소설은 인간관계, 사랑, 기술 그리고 존재의 본질에 대 한 깊은 질문을 던지는 작품으로, 발표 당시부터 큰 주목을 받 았습니다. 인공지능, 즉 AI가 출몰한 세상에 의미 있는 메시 지를 던지기 때문인데요. 소설은 가까운 미래를 배경으로 한

디스토피아적 설정으로, 인간과 인공지능 로봇이 공존하는 세상을 그립니다. '클라라'라는 인공지능 친구Artificial Friend 가 '조시'라는 소녀의 동반자로 선택되어 한 가정에 들어가게 되면서 소녀와 가족은 여러 갈등과 위기를 겪습니다. 소설은 인공지능 로봇인 '클라라'의 관점에서 1인칭으로 서술되는 독특한 작품으로, 조시의 어머니가 클라라에게 하는 위의 말은 마치 우리 모두를 향하는 말처럼 느껴집니다.

상대를 알아가고 공감하고 이해한다는 것은 그 사람의 행동이나 겉모습만 보고 판단하는 것이 아닌, 내면 깊은 곳을 알기 위해 노력한다는 뜻일 것입니다. 그 과정 속에서 서로를 향한 온화한 다정이 더해진다면 각자가 세워둔 높고 차가운 마음의 벽들이 허물어지겠지요.

AI 시대가 가져온 낯설고 새로운 세상에서 우리는 다정의 가치를 재발견해야 하지 않을까, 요즘 들어 더욱 깊게 생각합니다. 타인의 마음을 헤아리는 것, 작은 친절을 베푸는 것, 인간다움을 잊지 않는 것이야말로 우리가 이 시대를 살아가는 데 필요한 가장 중요한 지침이 아닐까요. 다정은 앞으로도 변하지 않는 인간 고유의 가치이자, 우리가 함께 만들어가야 할 세상의 중요한 일부로서 늘 챙겨야 하는 마음이지 않을까요.

다음으로는 조금 시적인 표현도 소개하고 싶습니다. 다정이란 단지 행위가 아니라, 진심과 푸릇푸릇한 마음이 더해질 때 그 의미가 더욱 커질 테니까요. 림태주 시인의 에세이『너의 말이 좋아서 밑줄을 그었다』에 실린 시 한 편을 소개합니다.

너였다. 지금껏 내가 만난 최고의 문장은. 나는 오늘도 너라는 낱말에 밑줄을 긋는다. 너라는 말에는 다정이 있어서, 진심이 있어서, 쉴 자리가 있어서, 사람이 있어서 좋았다. 나는 너를 수집했고 너에게 온전히 물들었다.

이 문장은 다정이 가진 본질을 아름답게 드러냅니다. 다정이란 단순한 친절 이상의 것, 누군가에게 마음을 다해 머물 자리를 내어주는 것 아닐까요. 시인의 문장처럼, 다정은 진심을 담아 서로를 물들이는 힘을 가지고 있습니다. 인간관계에서 가장 따뜻한 연결고리이기도 하고, 한 사람의 진심 어린 다정한 한마디는 타인의 하루를 밝게 하는 힘도 가지고 있습니다. 때때로 외로운 우리가 가장 먼저 밑줄을 그어야 할 것은 바로 다정이란 단어가 아닐까 싶습니다.

다정은 관계에서뿐만 아니라, 우리 자신을 지키는 힘도 되어줍니다. 스스로에게 건네는 다정이야말로 자신의 내면을 단단하고 안정감 있게 뿌리내리게 해줍니다. 내면을 풍요롭게 하고 진정한 행복을 느끼게 해주지요.

그런 거 있잖아. 나 자신을 그렇게 돌보는 것만 해도 인생이 너무 바쁘더라. 우리는 사랑하는 사람이 힘들어하면 맛있는 것도 해주고, 내 집에 숨어서 쉴 수 있게 해주고, 같이 싸워주고, 잘되라고 질책도 하고, '너는 네 생각보다 멋진 사람이야, 잊지마!'라고 말해주고 싶잖아. 그런데 정작 타인에게 다정한 사람들이 자신에겐 엄격해서 그렇게 안 해준단 말이야. 누가 해줄 때까지 기다리지. 만약 내 친구, 내 자식, 내 애인이 이런 상황이면 나는 어떻게 할까를 기준으로 나 자신을 대하는 거야. 가장 사랑하는 타인처럼.

이숙명 작가의 에세이 『나는 나를 사랑한다』에 실린 문장인데요. 저는 이 문장이 앞선 저의 말을 정확히 대변해준다고 생각합니다. 타인에게는 그렇게 잘해주는 우리가 정작 자신에게는 차갑고 엄격한 잣대를 들이대며 사랑을 유보하는 경우가 많지요. 타인의 실패와 실수에는 아낌없는 응원과 용서를 보내면서도, 자신에겐 무관심하거나 때때로 냉정하게 대하는 것은 참으로 소모적인 일 아닐까요. 내가 나를 돌보지 않는다면 누가 그 일을 대신해줄 수 있을까요. 스스로에게 보내는 다정은 다른 누구도 대신할 수 없는 나만의 책임이라는 걸 우리는 알아야 합니다.

다정은 자신을 나약하게 만들지 않습니다. 자신을 이해하고 돌보며 삶의 무게를 덜어주는 가장 강력한 힘이지요. 가끔은 나 자신에게 가장 친한 친구가 되어야 할 때가 있습니다. 아무리 바쁘고 지친 하루라 해도 스스로를 다정하게 안아주는 시간이 필요합니다. "수고했어, 괜찮아, 잘하고 있어" 같은 말 한마디가 우리를 지탱하는 커다란 위로가 됩니다.

사랑하는 사람에게 하는 것처럼, 스스로에게도 따뜻한 음식을 차려주고, 잠시 쉬어갈 공간을 마련해주고, "너는 생각보다 멋진 사람이야"라고 말해주는 따스함이 필요합니다. 우리는 종종 타인의 다정을 기대하며 그 기대가 충족되지 않을 때 크게 실망하지요. 하지만 그 다정을 스스로에게 건네는 순간, 세상을 바라보는 우리의 눈빛은 더 부드러워지고 삶의 무게는 더욱 가벼워질 것입니다.

결국, 자기 자신에게 다정한 태도는 우리가 살아가는 방식을 완전히 바꿉니다. 그것은 단순히 나를 위하는 것을 넘어, 나의 다정이 타인에게로 흘러가고, 다시 세상으로 퍼져나가는 선순환을 만들어낼 거라 생각합니다. 나라는 사람을 돌보고 사랑하는 일이 얼마나 중요한지, 그것이 내 삶을 얼마나 풍요롭게 만드는지를 더 자주 떠올려보면 어떨까요? 우리가 자신에게 다정해야 하는 이유는, 결국 그것이 나와 세상을 더 아름답게 만드는 시작이기 때문 아닐까요.

불완전한 우리가
서로 닿을 수만 있다면

돌이켜보면 지금의 나를 만든 건

내가 아닌 주위의 사람들이

아니었을까 생각해요.

친절한 사람들을 만나 친절해졌고

사랑을 준 사람들 덕분에

사랑이 가득한 사람이 되었던 것 같아요.

싫어하는 사람들로 인해 관계를 정리했고

미움과 괴롭힘을 받고 나서야

사람을 구분할 수 있게 되었어요.

거부도 당하고 예쁨도 받으면서

여기까지 올 수 있었던 것 같아요.

많은 사람이 나를 스쳐 갔고

다양한 감정들이 결국 나를 다스린 거예요.

인생이 늘 행복할 순 없었지만,

불행도 있었기에

행복이 더 가치 있다고 생각해요.

소윤 작가의 에세이『작은 별이지만 빛나고 있어』의 한 대
목입니다. 차분히 음미하게 만드는 글이죠. 저는 운문을 좋아
합니다. 짧은 글 속에 담긴 여러 함축적인 뜻이 다양한 생각
을 만들어내고, 그 생각들이 나 자신을 되돌아볼 계기가 되어
주기도 때문입니다.

곰곰이 생각해보면, 소윤 작가의 글처럼 나의 지금은 다양
한 사람과의 관계 속에서 만들어진 것이 아닐까 합니다. "아
이는 부모의 거울"이라고도 하고, "친구 따라 강남 간다"라는
말이 있는 것처럼, 우리는 사람들에게 많은 것을 배우고 느끼
며 자라납니다.

영국의 정신분석학자로 이름을 널리 알린 존 볼비는 애착
이론을 통해, 부모가 일관되게 반응할 때 아이가 안전하다고
느끼는 '안정 애착'과 일관되지 않은 상황에서 느끼는 '불안
애착', 냉담하고 무시하면 '회피 애착'을 가지게 되는 필연적
인 상황을 이야기하죠. 부모와의 안정적인 애착을 경험한 사

람은 성인이 되어 신뢰와 친밀감을 바탕으로 건강한 관계를 형성할 가능성이 높다고 그는 이야기합니다.

물론 부모님과의 경험 못지 않게 우리는 친구나 사회생활 속에서 만난 사람들로부터도 큰 영향을 받습니다. 미국의 정신과 의사인 해리 스택 설리번은 대인 관계 이론에서, 개인의 성격은 내부에서 만들어지는 것이 아니라 다른 사람들과의 상호작용으로 만들어지는 것이라고 했습니다. 그는 우리 모두가 원하는, 사랑받고 싶고 인정받고 싶은 욕구가 대인 관계를 통해 이루어진다고 했는데 저도 이에 동의하고 싶습니다.

특히 설리번의 대인 관계 이론 중 눈여겨볼 대목이 정신질환(특히 불안과 우울)의 원인을 개인 내부가 아닌 대인 관계의 문제에서 찾는다는 것입니다. 치료 역시 대인 관계의 개선을 통해 이루어진다고 보았는데요. 우리는 고독해지고 우울해지는 순간이 찾아오면 다양한 사람을 만나 그 속에서 해결책을 찾으려는 태도를 보입니다. 마음이 편한 상대를 찾아가 본인의 상황을 이야기하는 것만으로도 해결의 실마리가 생기기도 하고, 전문가를 찾아가 심리 치료를 받기도 하지요.

다시 돌아가, 소윤 작가의 글에서 "사랑을 준 사람들 덕분에 사랑이 가득한 사람이 되었던 것 같다"라는 대목이 저의 마음을 몽글하게 만듭니다. 친절을 베풀면 그 친절이 나비효과를 일으켜 다양한 친절들로 번져나가 사회를 바꿀 수 있다고 하지요. 작은 사랑의 실천 속에서 우리는 또 다른 차원의 삶의 희망을 발견할 수 있지 않을까요.

내가 가는 길이 옳은 길인지, 나를 더 잘 살게 만드는 길인지에 대해서도, 때때로 다양한 사람의 의견을 듣고 살펴볼 필요가 있습니다. 굳건한 자신의 의지와 판단이 가장 중요하지만, 사람들과 더불어 희망을 찾아보는 일 역시 얼마나 의미 깊고 중요한지에 대해서도 이야기 나누고 싶습니다.

아이 때는 부모가 세상의 전부이고, 학창 시절에는 친구가 나의 일부였을 것이며, 부부가 연을 이루어 살아가는 인생의 사이사이마다 우리에겐 분명 소중한 사람들이 곁에 있었을 것입니다. 때때로 서로에게 꿈을 묻기도 하고 의지도 하며 희망이 되는 좋은 삶의 방향을 찾는 일이 우리에게 필요할 것 같습니다.

물론, 우리의 삶에 늘 긍정적인 피드백만 돌아오는 것은 아닙니다. 사람에게 상처받기도 하고 실망하기도 하며, 누군가로 인해 방향성을 잃기도 하지요. 정신의학 전문의 김혜남 선생은 『어른으로 산다는 것』이라는 책에서 아래와 같은 문장을 독자에게 던집니다.

기억하라. 상처 없는 사랑은 없다. 중요한 건 사람의 참여적인 상처를 어떻게 피해 가며, 상처를 입었을 때 어떻게 치유해 나가느냐.

사랑의 본질과 인간관계의 복잡성을 아름답게 표현한 문장이 아닐까 싶습니다. 사랑은 종종 상처를 동반하지만, 아니러니하게도 그 상처가 우리의 마음을 열기도 하고 더 깊은 관계로 나아가는 방향을 제시하기도 하죠. 중요한 것은 이러한 상황이 오더라도 피하려는 데만 몰두하지 않고, 상처 속에서 무엇을 배울 것인가 한 번쯤 스스로에게 질문해보는 것이라고 생각합니다. 상처를 치유하는 방법은 각기 다르겠지만, 스스로 얼마나 취약한지 인정하고 상대에게도 연약함이 있다는 것을 이해하는 데서 더 좋은 삶의 방향으로 나아가는 희망을 발견할 수 있지 않을까 생각합니다.

저는 가끔 생각합니다. 인간은 사랑을 통해 자신이 얼마나 소중한 존재이고 용감한 존재인지 깨닫는 것 같다고요. 또 한 사람이 떠난 자리에서 우리가 얼마나 무너질 수 있는지도 경험하게 되는 것 같다고요. 우리네 삶은 서로가 완벽한 존재라는 것을 증명하는 것이 아니라, 불완전한 우리가 서로에게 어떻게 닿고 어떻게 삶을 풀어가야 하는지를 알아가는 과정이라는 생각이 듭니다.

우리를 살게 하는 방향은 결국 사람과 나누는 사랑, 그리고 그 속에서 찾아내는 희망 아닐까요. 부딪히고 깨지고 실패하더라도 결국 사람을 통해 치유받고 살아갈 힘을 얻게 되니까요.

어니스트 헤밍웨이의 대표작 『노인과 바다』의 가장 유명한 문장 하나를 들려 드리면서, 여러분도 삶의 희망을 가져보기를 염원합니다. 사람들로부터 파괴되고 악의 구렁텅이까지 끌려 가더라도 결국 헤어나와 꿋꿋이 삶을 살아가고, 누군가에게 뼈저리게 지더라도 그 경험을 발판 삼아 더 나은 인생을 계획하는 자랑스러운 우리니까요. 우리는 모두 그럴 수 있는 사람들이니까요.

인간은 파괴될 수는 있어도 패배할 수는 없다.

멈춰야
비로소 보이는 것들

나는 인간의 모든 불행은 단 한 가지 사실, 즉 그가 방 안에 조용히 머물러 있을 줄 모른다는 사실에서 유래한다고 종종 말하곤 했다.

"그(사람)는 생각하는 갈대이다"라는 말로 유명한 프랑스의 철학자이자 수학자인 파스칼 블레이즈가 쓴『팡세』제8편「위락」에 나오는 글입니다. 가끔씩 책장에서 뽑아 선별적으로 읽어보는 글들 중에 마음을 울리는 글이 있습니다. 위의 글도 그중 하나지요.

이 책은 파스칼이 기독교를 변호하려는 목적으로 쓴 미완성 원고들을 사후에 엮은 작품으로, 신학과 철학, 인간 본성에 대한 통찰을 담았습니다. 종교를 뒤로하고서라도, 삶이 흔들리거나 지칠 때 어느 페이지를 펴 읽어도 가슴에 울림을 주는 책이기도 하지요. 책에는 파스칼의 사유가 응축되어 담겨 있지만, 꼭 그의 사유를 따라갈 필요 없이 다양하게 해석하고 본인의 입맛대로 느끼는 것도 또 다른 통찰을 얻을 수 있는 기회가 되기도 합니다.

앞선 문장을 제시한 이유는 "방 안에 조용히 머물러 있을 줄 모른다", 즉 아무것도 하지 않고 본인 스스로를 위안 삼는 사유의 시간이 점차 없어지는 것 같아 안타까웠기 때문입니다. 현대사회는 그 어느 때보다 방대한 정보로 가득 차 있습니다. 스마트폰, 소셜미디어, 스트리밍 서비스, 숏폼 등이 사람들로 하여금 끊임없이 연결되고 활동하도록 유혹하죠. 물론 이러한 연결들은 유익할 수도 있지만, 파스칼이 경고했던 것처럼 자신과 마주하는 시간을 앗아가고 진정한 내면 성찰을 방해하기도 합니다.

많은 사람이 외로움에 대해 두려움을 가지고 있습니다. 혼자 있는 시간을 무척이나 어렵고 쓸쓸해하고, 고요 속에서 자신과 대면하는 것을 두려워하게 된 것 같아 안타깝습니다. 파스칼은 이를 예견이라도 한 것일까요. 그는 인간이 진정으로 자신과 대면하기 위해서는 고요를 견디는 힘을 길러야 한다고 말했는데, 지금의 사회는 그 고요조차 사치처럼 여겨지곤 하니까요.

요즘 디지털 디톡스라는 말을 자주 사용합니다. 과도한 디지털 기기의 사용에서 벗어나 몸과 마음의 균형을 회복하려는 현대인들의 노력을 가리키는 말이죠. 빠르게 연락할 수 있는 스마트폰이 없었을 때의 누군가를 기다리는 설렘과 기대감, 지식을 찾기 위해 많은 시간을 할애하고 깨닫게 되는 앎의 즐거움, 진정성 있는 인간관계의 단절 등 편리함 속에서 불편함이 주는 이점들이 점차 사라지고 있습니다. 홀로 조용히 머무는 것, 아무것도 하지 않으며 사유의 시간을 가지는 것, 자신과 대화하고 마음을 탐구하는 것, 나는 무엇을 좋아하고 나를 충전하게 하는 것은 무엇인지 들여다보는 것. 현대 사회가 주는 강렬한 자극과 분주함 속에서도 잠시 쉬어가는 시간을 내어 우리 삶을 다시금 조화롭게 만드는 것이 필요하지 않을까요.

어린 시절의 순수했던 순간들도 떠오릅니다. 그저 그 시간을 온전히 누리며 행복해했던 순간들. 그 시절에는 소유나 성취보다 순간의 감정 그 자체를 느끼는 것이 큰 기쁨이었죠. 누군가를 좋아하거나 설렘이 가득했던 순간들도 있었습니다. 친구들과의 시간들도 특별했죠. 작은 장난감 하나에 깔깔거리며 웃고, 함께 뛰놀던 놀이터가 우리만의 세계가 되었던 시절. 아무것 하지 않아도 충만함을 느끼고, 순수한 감정에 몰입해 지금 이 순간을 사는 것. 이러한 어린 날의 감각을 되찾는 것이 지금의 우리를 행복하게 하는 방법일지도 모르겠습니다.

여기서 저는 한 구절을 더 보태어 아무것도 하지 않을 때의 불안함을 조금이나마 덜어드리고 싶네요. 바바라 J. 지트위의 소설 『J. M. 배리 여성수영클럽』의 한 대목입니다.

아무것도 하지 말고 이 일이 어디로 향하는지 놔둬보세요. 무엇보다 시간을 갖고 지켜보세요. 짧은 시간에 승부를 보려고 하지 말아요.

시간을 믿고 자신을 믿으며 가만히 멈춰 흐르는 삶을 지켜보는 것도 좋을 것 같습니다. 아무것도 하지 않는 시간은 불안을 가져오는 것이 아니라 우리가 삶의 진정한 리듬을 찾을 수 있도록 또 다른 기회가 되어줄 테니까요. 조급함 속에서는 보이지 않던 작은 것들, 내면의 소리나 미묘한 감정, 그리고 우리가 진정으로 원하는 삶의 방향이 이 멈춤 속에서 비로소

347

드러날 테니까요.

그러니 잠시라도 아무것도 하지 않음을 허락해보면 좋겠습니다. 그 시간이야말로 긴 터널 속에서 길을 잃은 우리에게 빛을 보여주고 무너진 삶을 일으켜 세워주며 진정한 나를 다시 찾아주는 시간이 될지도 모르니까요.

모든 것이 천천히 제자리로 돌아오도록 시간을 주고 스스로를 믿는 것. 그 시간이 지금의 우리에겐 필요합니다.

끝으로 이정하 시인의 시 「길을 가다가」를 소개합니다. 이 시를 읽고 잠시 쉬어가는 것의 의미를 생각해보는 시간을 가져보기 바랍니다.

때로 삶이 힘겹고 지칠 때

잠시 멈춰 서서 내가 서 있는 자리

내가 걸어온 길을 한번 둘러보라.

편히 쉬고만 있었다면

과연 이만큼 올 수 있었겠는지.

힘겹고 지친 삶은

그 힘겹고 지친 것 때문에

더 풍요로울 수 있다.

가파른 길에서 한숨 쉬는 사람들이여,

눈앞의 언덕만 보지 말고

그 뒤에 펼쳐질 평원을 생각해보라.

외려 기뻐하고 감사할 일이 아닌지.

아침의 고요 속에서
생각한 것

흔히들 이야기합니다. 아침을 일찍 시작하면 하루가 길어진다고요. 저도 그 말에 동의하지 않은 건 아니었지만, 실천하는 건 늘 쉽지 않았습니다. 밤이 되어도 끝나지 않는 일들과 밤이 주는 찰나의 여유를 즐기고 싶은 욕심 탓에, 아침 일찍 일어나려는 다짐은 다음 날 후회로 이어지곤 했죠.

하지만 제 삶에도 어느 날 큰 변화가 찾아왔습니다. 건강검진 결과에서 "나이에 비해 심각한 문제가 있다"는 말을 들었을 때, 저는 처음으로 제 일상의 리듬과 생활방식을 돌아보기 시작했습니다. 인간은 어떤 문제가 생겨야 변화한다는 점에서 참으로 어리석고 안타깝지만, 문제를 알고 나서 조치를 취할 수 있음에 감사해야 한다고 스스로를 다독였습니다.

그래서 그때부터 시작했습니다. 매일 아침 5시 30분에 하루를 열기로 한 것이죠. 처음에는 힘들었지만 이제는 벌써 1년이 넘는 시간을 이렇게 살아가고 있습니다. 그리고 그 1년 동안, 아침이라는 시간의 특별함과 아침이 제 삶에 가져다준 변화를 깊이 느끼고 있습니다. 저의 루틴은 이렇습니다. 5시 30분에 기상하여 가벼운 스트레칭과 잠깐의 명상을 가진 뒤, 옷을 갈아입고 6시부터 7시 30분까지 운동을 합니다. 조깅도 하고 웨이트 트레이닝도 하면서요.

　물론 쉬운 일은 아니었습니다. 하지만 제가 그때 떠올린 건 어느 티브이 프로그램에서 김연아 선수가 한 말이었지요. 열심히 운동을 하는 김연아 선수에게 진행자가 무슨 생각을 하냐고 묻자, 김연아 선수가 대답하죠. "무슨 생각을 해요. 그냥 하는 거지." 그냥 가볍게 웃으며 흘려들을 말일 수도 있지만, 저에게는 큰 원동력으로 다가왔습니다. 왜냐하면 운동을 가야 한다며 힘겹게 일어날 때 제 머릿속은 수많은 생각으로 차 있었으니까요. '아, 조금만 더 잘까' '10분 뒤에 출발할까' '날도 추운데 하루 쉴까' 등 여러 핑계들이 저의 몸을 붙잡았습니다. 그러나 '그냥 하는' 것. 아무 생각 없이 '우선 하는' 것. 이 말 덕에 저는 수많은 장애물을 뒤로하고 운동을 시작할 수 있었지요.

아침은 단순히 하루의 시작이 아닙니다. 우리가 어제의 자신을 보내고 오늘의 자신을 새롭게 만나는 시간입니다. 밤새 잠들었던 몸과 마음이 서서히 깨어나는 이 시간은, 세상이 천천히 자신을 열어 보이듯 우리에게도 새로운 가능성을 선물합니다.

저는 처음으로 일찍 일어나 마주한 고요한 아침이 낯설기도 하고 신기하기도 했습니다. 어둠과 빛이 교차하는 그 시간의 차분함 속에서, 저는 오랜만에 스스로와 대화를 나눌 수 있었습니다. 문득 이런 생각도 떠올랐습니다. '그동안 내가 얼마나 바쁘게 살아왔던 걸까. 얼마나 나 자신에게 시간을 주지 않았던 걸까.' 그리고 아침 시간에 바쁘게 움직이는 사람들의 발걸음을 바라보면서 자책하기도 했습니다. 저의 게으름을 말이죠.

무라카미 하루키는 그의 에세이 『달리기를 말할 때 내가 하고 싶은 이야기』와 여러 인터뷰에서 아침에 대한 깊은 애정을 드러냈습니다. 그는 글쓰기와 달리기 그리고 규칙적인 생활이 창작의 원천이자 건강한 삶의 비결이라고 강조하며, 아침이야말로 창조적이고 생산적인 활동의 최적 시간이라고 말했습니다. 책 속의 한 구절에서 그가 아침을 얼마나 사랑하는지 알 수 있지요.

이른 아침의 차가운 공기를 가슴으로 들이마시며, 오랫동안 달려 익숙해진 지면을 박차고 달리는 기쁨이 생활 속에서 다시 되살아났다. 운동화 소리와 호흡 소리와 심장의 고동이 뒤엉켜, 독특한 폴리 리듬을 만들어나간다.

하루키가 이야기한 것처럼, 일찍 하루를 시작하여 나를 역동적으로 살게 한다는 것이 저에게는 큰 추진력이 되었고, 아침을 일찍 시작하게 된 뒤로 제 삶의 리듬도 달라졌습니다. 전에는 하루가 늘 시간에 쫓기는 느낌이고, 해야 할 일은 많지만 정작 아무것도 제대로 하지 못했다는 생각이 들곤 했거든요. 하지만 아침 일찍 하루를 시작한 뒤로는 모든 것이 나의 리듬대로 흘러가고 있다는 안정감을 느끼게 되었지요.

특히 아침에 산책을 하며 느끼는 신선한 공기와 첫 햇살은 기분만 좋게 만드는 것이 아니었습니다. 그것은 하루를 어떻게 살아갈지 나 자신과 대화하고 생각에 집중할 시간을 선물해주었지요. 무엇이든 할 수 있겠다는 마음과, 작은 성공을 이루었으니 큰 성공도 이룰 수 있겠다는 자신감 또한 가져다주었습니다. 작은 성공들이 모여 우리의 삶을 긍정적인 방향으로 이끌어가듯이 말이죠.

여러분도 아침의 생명력을 느껴보셨으면 좋겠습니다. 아

침은 단순히 하루의 시작을 알리는 시간이 아닙니다. 우리가 어제의 자신을 내려놓고, 오늘의 새로운 나로 거듭날 수 있는 기회의 시간이니까요.

그럼에도 주저하는 여러분을 위해 새해 첫날 아침의 마음가짐을 선물해드리고 싶습니다. 매일이 새롭다고 생각한다면 좀 더 삶이 보람 있고 활기차게 변하지 않을까요.

> 1월 1일 아침에 찬물로 세수하면서
> 먹은 첫 마음으로 1년을 산다면
> 언제든지 늘 새 마음이기 때문에
> 바다로 향하는 냇물처럼
> 날마다 새로우며, 깊어지며, 넓어진다.

'성인 동화'라는 새로운 문학 용어를 뿌리내리며 한국 문학사에 깊은 발자취를 남긴 정채봉 시인의 글로 『첫 마음』이라는 에세이에 나오는 문장입니다. 그의 첫 마음에 대한 글 또한 우리가 마음을 새롭게 단장할 수 있는 힘이 되어줍니다.

정채봉 시인의 말처럼, 날마다 새로우며 깊어지며 넓어지기 위하여 매일 아침을 마치 새해 첫날처럼 맞이할 수 있으면 어떨까요. 찬물로 얼굴을 씻으며 스스로를 깨우고 마음을 정돈하며 하루를 준비하는 그 시간은, 어제의 나를 넘어 오늘의 나로 거듭나는 첫걸음이 될 테니까요.

저는 오늘도 아침을 맞이하며 운동을 하고 글을 쓰며 생각합니다. 오늘도 무언가를 이루었다고. 용기가 생기고 힘이 생긴다고. 어제보다 더 나은 내가 되자고 말이지요.

아침이라는 시간은 그렇게 스스로에게 약속을 하고 실천할 힘을 만드는 시간이 되어줍니다. 아침의 고요와 차분함 속에서 우리는 새로운 삶의 리듬을 만들어갈 수 있습니다. 그 리듬이 하루를 채우고, 결국 우리의 인생을 채우게 되겠지요.

그러니 이제, 아침을 조금 더 사랑해주면 어떨까요. 우리에게 삶을 새롭게 시작할 기회를 매일 선물하는 작은 기적이라 생각하며 말이죠.

오늘 아침도, 그리고 내일 아침도, 그 생명력을 느끼며 내 삶의 새로운 시작을 만들어보면 좋겠습니다.

아침이 여러분에게도 새로운 가능성과 희망의 시간이 되기를 바랍니다. 오늘도, 여러분의 아침이 빛나기를 진심으로 응원합니다.

인생의 책들이 아니라
인생의 문장들인 까닭

'책 읽어주는 남자'로 살아온 지 벌써 12년이 됐습니다. "아름다운 글 속에 따뜻한 마음을 간직하기를"이라는 채널의 캐치프레이즈처럼 좋은 글을 통해 삭막한 일상에 조금이나마 온기와 위로를 전하고 싶었는데, 감사하게도 정말 많은 분의 격려와 사랑을 받아 오히려 제가 더 힘을 얻었습니다.

저는 그저 조금 내성적이고, 책 읽고 좋은 글 나누는 걸 좋아했던 평범한 아이였습니다. 책장을 펼치면 시간 가는 줄 모른 채 빠져들었고, 아름다운 문장을 만나면 가슴 한편이 뭉클해졌습니다. 어쩌면 당연합니다. 거기에는 한 사람의 인생과 그의 깊은 사유가 녹아 있을 테니까요. 저는 그 문장들을 나침반으로 삼아 인생의 방향을 찾았고, 힘들고 앞이 보이지 않을 때마다 위로를 얻고 희망을 되찾았습니다.

〈책 읽어주는 남자〉 채널을 시작하게 된 목적도 이와 같습니다. 제가 느낀 감동을 나누고 싶었던 거죠. 그 시간들은 정말 환희와 경이의 연속이었습니다. 책과 문장을 매개로 남녀노소 정말 다양한 분들이 비슷한 감정을 느끼고 위로를 나누는 모습을 보았으니까요. 마치 세상에 없던 특별한 공동체처럼 말이지요.

이런 일이 가능했던 데에는 무엇보다 좋은 책, 좋은 문장을 남긴 훌륭한 작가들의 역할이 컸습니다. 어떤 이는 슬픔과 외로움을, 또 다른 이는 기쁨과 환희를 글 안에 담아냈죠. 신기하게도 정말 좋은 글을 읽고 있으면, 마법의 주문을 외우는 것처럼 글에 담긴 희로애락의 감정이 고스란히 전달됩니다. 그렇기에 한 사람의 모든 삶과 감정이 담긴 문장은, 단 몇 줄에 불과한 짧은 글이더라도 다른 사람에게 무한한 감동을 주는 '인생의 문장'이 되는 거겠지요.

종종 한번 펼친 책을 끝까지 읽어야 독서를 했다고 생각하거나, 다독의 중요성만 지나치게 강조하는 사람들이 있는데요. 저는 독서의 즐거움을 깨닫기 위해선 이런 편견을 버려야 한다고 생각합니다. 단 한 권의 책, 몇 페이지의 독서를 통해 '인생의 문장'을 발견했다면, 그 책을 끝까지 읽었는지, 그 외에 얼마나 많은 책을 읽었는지 따질 필요가 없으니까요. 바로 이런 이유로 저는 이 책 『내가 원하는 것을 나도 모를 때』에 서도 '인생의 책들'이 아니라, '인생의 문장들'을 소개하는 쪽 을 택했습니다.

『내가 원하는 것을 나도 모를 때』는 저 혼자 힘으로 쓴 책 이 아닙니다. 많은 영감을 주었던 수많은 작가와 그들의 영혼 이 담긴 문장들, 무엇보다 그 문장에 함께 울고 웃어주었던 독자들이 있었기에, 부족한 제가 용기를 내어 이 책을 완성할 수 있었습니다.

이 책을 준비하며 참 행복했습니다. 좋아하는 책들, 또 많 은 분에게 사랑받은 문장들을 다시 살펴보며 책이 가진 치유 의 힘에 대해 새삼 되새기게 됐죠. 여러분도 이 책을 통해 얼 어붙었던 마음을 녹이는 따스한 문장, 내 마음을 알아주는 문장을 만나 삶이 달라지는 경험을 하게 되길 진심으로 바랍 니다.

'인생의 문장들' 출처

1부 | 마음의 목소리에 귀 귀울이면

나쓰메 소세키, 송태욱 옮김, 『나는 고양이로소이다』, 현암사, 2013

정호승, 「바닥에 대하여」, 『이 짧은 시간 동안』, 창비, 2004

신형철, 『슬픔을 공부하는 슬픔』, 한겨레출판, 2018

정재찬, 『시를 잊은 그대에게』, 휴머니스트, 2015

알랭 드 보통, 정영목 옮김, 『불안』, 은행나무, 2011

쇠렌 키르케고르, 임춘갑 옮김, 『불안의 개념』, 치우, 2011

성수선, 『혼자인 내가 혼자인 너에게』, 알투스, 2012

김동영, 『나만 위로할 것』, 달, 2010

김민철, 『모든 요일의 여행』, 북라이프, 2016

에밀 아자르, 『자기 앞의 생』(편집부 옮김)

우종영, 『나는 나무처럼 살고 싶다』, 메이븐, 2021

라이너 마리아 릴케, 김재혁 옮김,『젊은 시인에게 보내는 편지』, 고려대
　학교출판부, 2006

김종삼,「어부」,『북 치는 소년』, 시인생각, 2013

파울로 코엘료, 김미나 옮김,『마법의 순간』, 자음과모음, 2013

허수경,『너 없이 걸었다』, 난다, 2015

백석,「흰 바람벽이 있어」,『백석 평전』, 다산초당, 2014

정호승,「수선화에게」,『수선화에게』, 비채, 2005

김연수,『네가 누구든 얼마나 외롭든』, 문학동네, 2007

에리히 프롬, 황문수 옮김,『사랑의 기술』, 문예출판사, 2019

에릭 호퍼, 방대수 옮김,『길 위의 철학자』, 이다미디어, 2014

쇠렌 키르케고르, brainyquote.com/quotes/105030

아사다 지로, 양윤옥 옮김,『파리로 가다』(전2권), 북스캔, 2010

박연준,『소란』, 북노마드, 2014

공자, 김형찬 옮김,「양화」,『논어』, 홍익출판사, 2016

공자, 김형찬 옮김,「헌문」,『논어』, 홍익출판사, 2016

전승환·최정은,「오직 너를 위한 글」, 〈책 읽어주는 남자〉

공지영,『공지영의 수도원 기행』(전2권), 분도출판사, 2014

미켈란젤로 부오나로티, goodreads.com/author/quotes/182763

김소연,『마음사전』, 마음산책, 2008

김현경,『사람, 장소, 환대』, 문학과지성사, 2015

마크 맨슨, 한재호 옮김,『신경 끄기의 기술』, 갤리온, 2017

크리스텔 프티콜랭, 이세진 옮김,『나는 생각이 너무 많아』, 부키, 2014

백창우,「술 한잔 했다고 하는 이야기가 아닐세」,『길이 끝나는 곳에서 길
　은 다시 시작되고』, 신어림, 1996

샤를 보들레르, 「취하라」, 『파리의 우울』(편집부 옮김)

전승환, 「술 한잔」, 『나에게 고맙다』, 북로망스, 2022

2부 | 한 걸음 한 걸음 씩씩하게 걸어나가길

황경신, 「어쩌면 너는」, 『밤 열한 시』, 소담출판사, 2013

박노해, 「겨울 사랑」, 『그러니 그대 사라지지 말아라』, 느린걸음, 2010

공자, 김형찬 옮김, 「자한」, 『논어』, 홍익출판사, 2016

나탈리 크납, 유영미 옮김, 『불확실한 날들의 철학』, 어크로스, 2016

조병화, 「산책」, 『사랑의 노숙』, 동문선, 1993

장 자크 루소, 진인혜 옮김, 『고독한 산책자의 몽상』, 책세상, 2013

프리드리히 니체, goodreads.com/quotes/634773

이애경, 『눈물을 그치는 타이밍』, 허밍버드, 2013

윌리엄 셰익스피어, 신정옥 옮김, 『햄릿』, 전예원, 2007

정호승, 『첫눈 오는 날 만나자』, 샘터사, 1996

이해인, 「시간의 선물」, 『이해인 시전집 2』, 문학사상, 2013

마르셀 프루스트, 김희영 옮김, 『잃어버린 시간을 찾아서 1』, 민음사,
  2012

헨리 데이비드 소로, 강승영 옮김, 『월든』, 은행나무, 2011

기시미 이치로, 오근영 옮김, 『당신의 사랑은 지금 행복한가요?』, 책읽는
  수요일, 2019

오스카 와일드, goodreads.com/quotes/491041

김광석, youtube.com/watch?v=0HMTS4jcLu4

빅토르 위고, 윤세홍 옮김, 「어느 시인에게」, 『위고 시선』, 지만지, 2018

박웅현, 『여덟 단어』, 인티N, 2023

요시모토 바나나, 김난주 옮김, 『어른이 된다는 건』, 민음사, 2015

헤르만 헤세, 『데미안』(편집부 옮김)

애나 메리 로버트슨 모지스, 류승경 옮김, 『인생에서 너무 늦은 때란 없습
  니다』, 수오서재, 2017

츠지 히토나리, 양윤옥 옮김, 『사랑을 주세요』, 북하우스, 2004

정희재, 『어쩌면 내가 가장 듣고 싶었던 말』, 갤리온, 2017

마르셀 프루스트, goodreads.com/quotes/33702

한스 크리스티안 안데르센, 배수아 옮김, 『안데르센 동화집』, 허밍버드, 2015

이병률, 『끌림』, 달, 2005

알랭 드 보통, 정영목 옮김, 『여행의 기술』, 청미래, 2014

김혜남, 『서른 살이 심리학에게 묻다』, 갤리온, 2008

오프라 윈프리, goodreads.com/author/quotes/3518

무라카미 하루키, 유유정 옮김, 『상실의 시대』, 문학사상, 2000

가브리엘 G. 마르케스, 조구호 옮김, 『이야기하기 위해 살다』, 민음사, 2007

이해인, 「추억일기 2」, 『이해인 시전집 1』, 문학사상, 2013

가네시로 가즈키, 김난주 옮김, 『연애 소설』, 북폴리오, 2006

호메로스, 천병희 옮김, 『오뒷세이아』, 숲, 2015

가스통 바슐라르, 곽광수 옮김, 『공간의 시학』, 동문선, 2003

이문재, 「농담」, 『제국호텔』, 문학동네, 2004

허수경, 『너 없이 걸었다』, 난다, 2015

정용철, 「어느 날 문득」

한귀은, 『밤을 걷는 문장들』, 웨일북, 2018

김용택, 「달이 떴다고 전화를 주시다니요」, 『달이 떴다고 전화를 주시다니
요』, 마음산책, 2021

허수경, 「밤 속에 누운 너에게」, 『빌어먹을, 차가운 심장』, 문학동네, 2011

비스와바 쉼보르스카, 최성은 옮김, 「두 번은 없다」, 『끝과 시작』, 문학과지
성사, 2007

프리드리히 니체, 안성찬·홍사현 옮김, 「즐거운 학문」, 『즐거운 학문 메세
나에서의 전원시 유고』, 책세상, 2005

3부 | 손을 건네고, 건네진 손을 붙잡고

이용채, 「혼자일 수밖에 없었던 이유」, 『The Love Letter』, 창현문화사,
2000

스콧 피츠제럴드, 김욱동 옮김, 『위대한 개츠비』, 민음사, 2010

어니스트 헤밍웨이, 안정효 옮김, 『호주머니 속의 축제』, 민음사, 2019

한혜연, 『어느 특별했던 하루』, 시공사, 2003

소노 아야코, 김욱 옮김, 『약간의 거리를 둔다』, 책읽는고양이, 2016

앤디 앤드루스, 이종인 옮김, 『폰더 씨의 위대한 하루』, 세종서적, 2011

심순덕, 『엄마는 그래도 되는 줄 알았습니다』, 니들북, 2019

줄스 에반스, 서영조 옮김, 『삶을 사랑하는 기술』, 더퀘스트, 2018

신경숙, 『어디선가 나를 찾는 전화벨이 울리고』, 문학동네, 2010

움베르트 에코, 이윤기 옮김, 『장미의 이름』(전2권), 열린책들, 2009

에리히 프롬, 황문수 옮김, 『사랑의 기술』, 문예출판사, 2019

앙투안 드 생텍쥐페리, goodreads.com/author/quotes/1020792

장영희, 『내 생애 단 한번』, 샘터사, 2010

플라톤, 강철웅 옮김, 『향연』, 이제이북스, 2014

이도우, 『사서함 110호의 우편물』, 시공사, 2016

피천득, 『인연』, 민음사, 2018

앙투안 드 생텍쥐페리, 『어린 왕자』(편집부 옮김)

유안진, 『지란지교를 꿈꾸며』, 서정시학, 2011

장 그르니에, 이규현 옮김, 『카뮈를 추억하며』, 민음사, 1997

알프레드 아들러, 홍혜경 옮김, 『아들러의 인간이해』, 을유문화사, 2016

김연수, 『세계의 끝 여자친구』, 문학동네, 2009

전승환, 「딸에게 보내는 편지」, 〈책 읽어주는 남자〉

알랭 드 보통, 정영목 옮김, 『왜 나는 너를 사랑하는가』, 청미래, 2007

4부 | 흔들리지 않는 단단한 나로

아잔 브라흐마, 류시화 옮김, 『술 취한 코끼리 길들이기』, 연금술사, 2013

배르벨 바르데츠키, 두행숙 옮김, 『너는 나에게 상처를 줄 수 없다』, 걷는
   나무, 2013

김수현, 『나는 나로 살기로 했다』, 클레이하우스, 2022

프리드리히 니체, 안성찬·홍사현 옮김, 「즐거운 학문」, 『즐거운 학문 메세
   나에서의 전원시 유고』, 책세상, 2005

니코스 카잔차키스, brainyquote.com/authors/nikos-kazantzakis-quotes

롤랑 바르트, 김진영 옮김, 『애도 일기』, 걷는나무, 2018

왕은철, 『애도예찬』, 현대문학, 2012

미겔 데 세르반테스, 박철 옮김, 『돈키호테』(전2권), 시공사, 2015

요한 볼프강 폰 괴테, azquotes.com/quote/776255

폴 브루제, goodreads.com/quotes/538125

베르나르 베르베르, 이세욱 옮김, 『개미』(전5권), 열린책들, 2001

용혜원, 「내 마음을 물들이는 그대의 사랑」, 『사랑하니까: 그대에게 전하
는 100일 동안의 프로포즈』, 좋은생각, 2003

미치 앨봄, 공경희 옮김, 「모리와 함께한 화요일」, 살림, 2017

존 버거·이브 버거, 김현우 옮김, 『아내의 빈 방』, 열화당, 2014

김도훈, 『우리 이제 낭만을 이야기합시다』, 웨일북, 2019

요한 볼프강 폰 괴테, 박찬기 옮김, 『젊은 베르테르의 슬픔』, 민음사, 1999

장영희, 『이 아침 축복처럼 꽃비가』, 샘터사, 2010

에쿠니 가오리·츠지 히토나리, 김난주·양억관 옮김, 『냉정과 열정 사이』
(전2권), 소담출판사, 2015

위기철, 『아홉 살 인생』, 청년사, 2004

김중미, 『괭이부리말 아이들』, 창비, 2001

메리 올리버, 민승남 옮김, 『완벽한 날들』, 마음산책, 2013

스벤 브링크만, 강경이 옮김, 『철학이 필요한 순간』, 다산초당, 2019

에리히 프롬, 황문수 옮김, 『사랑의 기술』, 문예출판사, 2019

김현경, 『사람, 장소, 환대』, 문학과지성사, 2015

5부 | 내가 바라는 나로 살아가기 위해

미셸 드 몽테뉴, 손우성 옮김, 『몽테뉴 수상록』, 문예출판사, 2007

나란, 『행복을 담아줄게』, 북로망스, 2023

윤정은, 『메리골드 마음 사진관』, 북로망스, 2024

헤르만 헤세, 유혜자 옮김, 『삶을 견디는 기쁨』, 문예춘추사, 2024

김금희, 『식물적 낙관』, 문학동네, 2023

가즈오 이시구로, 홍한별 옮김, 『클라라와 태양』, 민음사, 2021

림태주, 『너의 말이 좋아서 밑줄을 그었다』, 웅진지식하우스, 2021

이숙명, 『나는 나를 사랑한다』, 북로망스, 2020

소윤, 『작은 별이지만 빛나고 있어』, 북로망스, 2021

김혜남, 『어른으로 산다는 것』, 걷는나무, 2011

어네스트 밀러 헤밍웨이, 이인규 옮김, 『노인과 바다』, 문학동네, 2012

파스칼 블레이즈, 이환 옮김, 『팡세』, 민음사

이정하, 「길을 가다가」, 『편지』, 책만드는집, 2012

무라카미 하루키, 임홍빈 옮김, 『달리기를 말할 때 내가 하고 싶은 이야기』, 문학사상, 2016

정채봉, 『첫 마음』, 샘터사, 2020

이 책에서 인용한 200자 원고지 한 장 이상 분량의 글은 저작권자에게 이용 허가를 구했습니다. 단, 미처 허가를 구하지 못하거나 연락을 취했으나 답을 받지 못한 건은 추후 확인되는 대로 적법한 절차를 진행하겠습니다.

내가 원하는 것을 나도 모를 때

© 전승환, 2025

개정판 1쇄 발행 2025년 1월 15일
개정판 3쇄 발행 2025년 2월 17일

지은이 전승환
책임편집 조혜영
콘텐츠 그룹 이가영 전연교 김신우 정다솔 문혜진 기소미
디자인 STUDIO 보글

펴낸이 전승환
펴낸곳 책읽어주는남자
신고번호 제2024-000099호
이메일 bookfarmers@thebookman.co.kr

ISBN 979-11-93937-15-0 03190